刘三姐文化图志

廖明君——主编

三姐骑鱼上青天

刘三姐传说概览

陆晓芹 戴秀敏——著

广西教育出版社 ·南宁·

图书在版编目（CIP）数据

三姐骑鱼上青天：刘三姐传说概览 / 陆晓芹，戴秀敏著. -- 南宁：广西教育出版社，2024.2
（刘三姐文化图志 / 廖明君主编）
ISBN 978-7-5435-8783-0

Ⅰ. ①三… Ⅱ. ①陆… ②戴… Ⅲ. ①民间故事－文学研究－广西 Ⅳ. ① I207.73

中国国家版本馆 CIP 数据核字 (2023) 第 226406 号

责任编辑：周栩宇
责任校对：陆婬澄
封面设计：李浩丽
版式设计：杨　阳
责任技编：蒋　媛

出 版 人：石立民
出版发行：广西教育出版社
地　　址：广西南宁市鲤湾路 8 号　邮政编码：530022
电　　话：0771-5865797
本社网址：http://www.gxeph.com
电子信箱：gxeph@vip.163.com
印　　刷：广西昭泰子隆彩印有限责任公司
开　　本：889 mm × 1240 mm　1/32
印　　张：3.625
字　　数：71 千字
版　　次：2024 年 2 月第 1 版
印　　次：2024 年 2 月第 1 次印刷
书　　号：ISBN 978-7-5435-8783-0
定　　价：22.00 元

目录

前言

三姐骑鱼上青天，
留下山歌万万千。
如今广西成歌海，
都是三姐亲口传。

在素有“歌海”之称的广西，“歌圩”无处不在。壮族歌圩在壮语中又称“歌坡”“吼敢”“圩逢”“陇峒”，是壮族民众在特定的时间和地点举行的周期性、集体性、传统性的聚会对歌活动形式。壮族歌圩产生的渊源与稻作生产关系密切，体现稻作生产的节期规律。歌圩也是古越人“尚越声”文化特征的继承和发展。壮族歌圩的形成，经历了从“娱神”到“娱人”的过程，歌仙刘三姐的产生，成为壮族歌圩形成的标志。

行走在八桂大地上，人们常常能听到各地山歌悠扬悦耳的旋律。它们是这片土地上最华美的乐章，是千万歌者最动人的心声。其中，最神奇的歌者，当数歌仙刘三姐。

说起刘三姐，人们会自然而然地想到同名电影里那个聪明美丽、能歌善唱、热情善良、勇敢坚强却又命运多舛的姑娘。但是，世上真有刘三姐吗？她是哪里人？她出生于哪个年代？她是怎么成为神仙的，又给这片土地带来了怎样的神迹？接下来，让我们在悠悠千古的传说中了解这位神奇的女性吧！

第一章　三姐传说遍四方

刘三姐的传说流传于我国南方地区，尤其是广西壮族自治区和广东省。刘三姐是两广民间著名的女性形象。除“刘三姐”以外，各地还有“刘三妹”“刘三太”“刘三娘”“刘仙姑”“刘女仙”“刘仙姬”等称谓。她被壮、汉、瑶、苗、仫佬、毛南等民族视为造歌的始祖或歌仙，民间有大量关于她的传说。这些传说由来已久，最初是通过口耳相传的方式流传下来的，后来才被历代文人学者记录在文献里。那么，被记录下来的刘三姐的传说有哪些？它们在时间和空间上有什么特点？

一　刘三姐传说的文本

刘三姐传说最初是通过口头流传下来的，但自五代时期起，便陆续有人以文字记录下来。据覃桂清在《刘三姐纵横》一书中的统计，与刘三姐有关的文献一共有 24 条。这些文献大多写在纸上，还有些是刻在石头上的。关于这些文献资料（清代及以前）的时间、作者、作品名称或形式、内容要点等如表 1 所示：

表1 历代文献资料一览表

序号	时间	作者	作品名称或形式	内容要点
1	五代	佚名	春湾铜石岩石刻	刘仙三姐歌台
2	北宋	赵光义	通真岩石刻	“通真岩”三个字
3	南宋	王象之	《舆地纪胜》	有三妹山，因春州人刘三妹坐于岩石上而得名
4	清代	孙芳桂	《歌仙刘三妹传》	刘三妹生平事迹
5	清代	曾光国	《始造歌者刘三妹遗迹》	刘三妹生平事迹和刘三妹洞的由来
6	清代	张尔翮	《刘三妹歌仙传》	刘三妹生平事迹
7	清代	王士禛	《池北偶谈》	刘三妹的生活年代和居住地
8	清代	闵叙	《粤述》	刘三妹的生活年代、居住地和对歌化石的故事
9	清代	屈大均	《广东新语》	刘三妹生平和对歌化石的故事
10	清代	陆次云	《峒溪纤志》	刘三妹是最早传歌的人
11	清代	钱以垲	《岭海见闻》	阳春的铜石岩是刘三姐成仙的地方
12	清代	范端昂	《粤中见闻》	所记内容与屈大均《广东新语》几无差别
13	清代	褚人获	《坚瓠集》	溪峒之中的少数民族最初不懂唱歌，刘三妹帮他们创作歌曲，白鹤秀才与她在七星岩绝顶相唱和

续表

序号	时间	作者	作品名称或形式	内容要点
14	清代	谭敬昭	《游通真岩并序》	白石山女仙刘三妹的生平事迹
15	清代	方濬师	《蕉轩随录》	广东阳春县北八十里思良都铜石岩东有李唐刘三妹祖父的坟墓

其中，孙芳桂的《歌仙刘三妹传》和曾光国的《始造歌者刘三妹遗迹》是被吴淇收录在《粤风续九》中而保存下来的。至于张尔翮的《刘三妹歌仙传》，有学者考证后认为，它可能是孙芳桂《歌仙刘三妹传》的初稿。[①] 但因张尔翮的《刘三妹歌仙传》在过去流传很广，所以这里依旧单独列入表内，引用相关材料时也保留这个说法。

除文人笔记以外，明代以来的一些志书也有关于刘三姐传说的记录，通过表 2 可以大致了解：

表 2　县志资料一览表

序号	时间	书名	内容要点
1	明万历年间	《阳春县志》	相传新兴女子刘三妹在铜石岩修行得道

① 区茵.《粤风续九》中的“刘三妹”故事[J].青海社会科学，2012(5)：214-218.

续表

序号	时间	书名	内容要点
2	清雍正年间	《古今图书集成·职方典·广州府部·山川考·新宁县》	相传刘三妹蜕骨于龙溪山
3	清雍正年间	《广西通志》	介绍记载刘三妹事迹的部分文献
4	清雍正年间	《罗定州志》	介绍刘三姑传说和相关遗迹
5	清雍正年间	《古今图书集成·职方典·广州府部·古迹考·新安县》	仙姬石俗称“三妹石”
6	清雍正年间	《古今图书集成·职方典·潮州府部·祠庙考·澄海县》	城内院东社有祭祀刘三姐的三妹宫
7	清雍正年间	《古今图书集成·职方典·肇庆府部·山川考·开平县》	相传刘三妹在县东七里黎洞村前叠书岩成仙，樵者每闻歌声
8	清雍正年间	《古今图书集成·职方典·广州府部·山川考·从化县》	在城西三里风门山有刘仙岩，相传刘仙女于此飞升
9	清雍正年间	《古今图书集成·职方典·梧州府部·山川考·怀集县》	介绍刘仙浣纱石和刘三姐坐化处
10	清乾隆年间	《阳春县志》	介绍与刘仙姑（刘三妹）相关的部分遗迹
11	清道光年间	《肇庆府志》	铜石山……山半有墓，相传为刘女仙祖坟。有盗之者，雷电立至

续表

序号	时间	书名	内容要点
12	清道光年间	《肇庆府志》	在县北八十里思良都铜石岩东之半峰，相传为李唐时刘三仙女祖父坟，今尚存，春夏不生草
13	清道光年间	《肇庆府志》	世传刘三妹在开建水石岩中修行得道
14	清道光年间	《广东通志·山川略·新宁县》	浔洋山左曰仙女峰，世传仙女刘三妹所居
15	清同治年间	《苍梧县志》	三娘神是明代须罗乡人，上巳日在风雨中与神相遇，从此善于歌唱
16	清光绪年间	《贵县志》	相传朗宁张秀才与歌仙刘三妹酣歌化石于山顶
17	清光绪年间	《恭城县志》	城南五十里有刘石，相传刘仙姑在此飞升
18	民国初年	《宜山县志》	相传刘三妖是唐时下枧村壮女，性爱唱歌，被兄长砍断藤条而落水，流到梧州。州民捞起，立庙祭祀，号为龙母
19	民国时期	《阳朔县志》	介绍传说中的刘三妹藏歌书柜、刘三妹梳妆处及刘三妹与白鹤秀才在粤西七星岩绝顶对歌化石的故事

从表1、表2中可以看出，在古籍里，刘三姐籍贯主要集中于广东阳春县（今阳春市）、新兴县和广西贵县（今贵港

市）。在县志里，关于籍贯的说法则更为丰富多样。至于刘三姐出生的年代，一般认为是唐代或明末。但也有人直接表达了不确定，说“不知何时何许人”。

把刘三姐的传说写成文字，有助于保存刘三姐传说在过去传播的内容，但也有一些缺点，即文人的说辞很容易影响后人。比如，在明万历时期的《阳春县志》称刘三姐是“新兴女子”；清乾隆时期的《阳春县志》就改了说辞，说“刘仙姑不知何许人，或云产于广西贵县，仙经所谓白石山，刘三妹者，唐景龙间人也”。之所以更改，很可能是清乾隆时期《阳春县志》的编纂者已经阅读了孙芳桂、吴淇等人的记录，认为该记录更为细致、可靠，于是很不确定地说“不知何许人”，并将刘三姐的出生年份也写作了唐景龙年间。

在没有过多受文字记载影响的民间传说中，刘三姐的籍贯就显得丰富多样，故事也各有特色。20 世纪 50 年代以来，刘三姐传说文本化的工作有了更多的成果。在《刘三姐纵横》的附录里，历代关于刘三姐的传说、歌谣的参考文献有 47 篇之多，其中有不少篇章包括多则传说。罗宾在该书的基础上，结合个人多年的搜集整理，出版了《刘三姐传歌故事》，里面收录的传说有 80 篇，但大多数是当代搜集整理的。

总之，从这些文本可以看出，刘三姐传说由来已久，异文众多，内容丰富。大致可以分为两类：一是叙述刘三姐生平事迹和对歌情况的，包括与少年对歌化石成仙、唱歌难倒三秀才、智斗财主、施展法术等情节；二是与刘三姐有关的风物传说，包括刘三姐留下的石扁担、石书箱、石篮子、石水碗、石梳妆台、石脚印等。

二 刘三姐传说的时间性

口耳相传的民间传说是先于文献记录的，在被历代文人记录之前，刘三姐传说已经在民间流传了。至于那些口传文本最早的产生时间，今人已无从了解。因此，对于刘三姐传说的时间性，只能通过历代有限的文献记录来推断。覃桂清搜集到 24 条与之相关的石刻或文人笔记，其中唐末 1 条、宋代 2 条、清代 7 条、20 世纪以来 14 条。具体情况如图 1 所示：

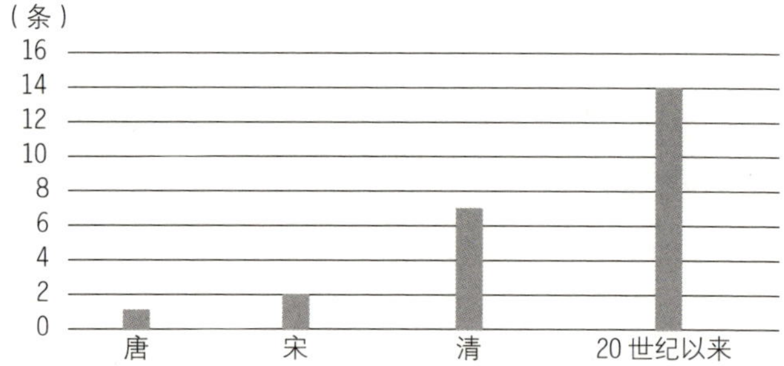

图 1　刘三姐传说历代分布图

广东阳春通真岩　蓝军 / 摄

最早的文献指向唐末，实际上是唐之后的五代十国。这是一条刻在广东阳春市春湾镇铜石岩（今名通真岩）里一块石头上的文献,只有一句“乾化乙亥重阳日　刘仙三姐歌台”。石头是实实在在摆在那里的，上面的字也写得很清楚。“乾化乙亥”是指五代后梁乾化五年（915 年）。这个时间并不能证明刘三姐是实际存在的历史人物，但至少可以说明，在此之前，刘三姐的传说就存在了。不过关于该石刻的真伪存在一些争议，此处不做展开。

所谓的刘三姐歌台，实际上是一块黑润有光的石头，样子很像弯曲的茶几，可以容纳一个人躺下。它位于铜石岩内，岩洞附近树木葱郁，岩洞口有一个苔藓斑驳的石凳。据说，每到有月亮的晚上，就能听见乐声。秋天粮食丰收的时候，也仿佛听见有人在岩石顶上唱歌。因此，当地人会到铜石岩内祭祀刘三姐。

北宋咸平二年（999 年），宋真宗赵恒把其父宋太宗赵光义书写的“通真岩”三个字赐给当地，就藏在铜石岩石室里，当地百姓还把这三个字刻到了铜石寺上面的岩石上。

南宋时期,王象之在《舆地纪胜》一书中记录了一座“三妹山”，说 :“刘三妹，春州人，坐于岩石之上，因名。”意思是说，那座山之所以叫“三妹山”，是因为来自春州的刘三妹曾经坐在那里的一块岩石上。这里的“春州”，位于今天的广东省阳春市。这是和刘三姐有关的最早的纸质文献记载，

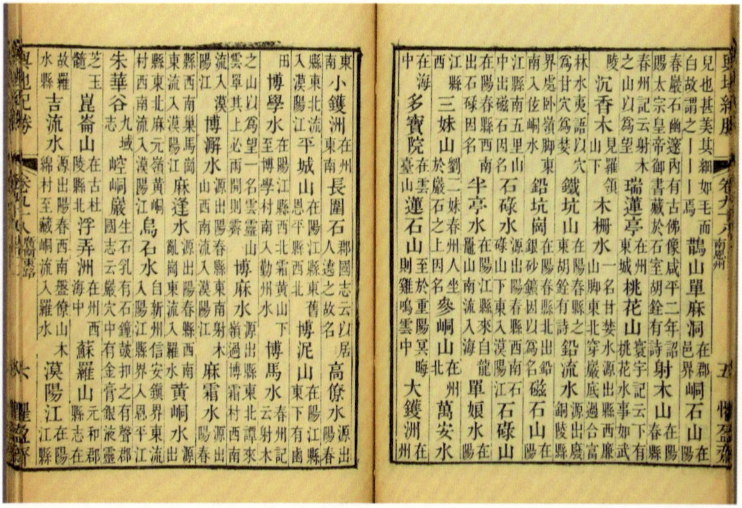

《舆地纪胜》中关于三妹山的记录

可惜作者只是介绍三妹山的命名缘由，没有对刘三妹进行更多的描述。

对刘三姐生平事迹记述最早也比较详细的，是清初顺治、康熙年间孙芳桂的《歌仙刘三妹传》。文中说三妹是刘家的小女儿，生于唐中宗神龙五年己酉，还说她的父亲是汉代刘晨的后代，流落到广西贵港的水南村。除此以外，文中生动叙述了刘三姐与邕州白鹤少年张伟望登台对歌，最后两个人化为石头的故事，并说明事件发生在“玄宗开元十三年乙丑正月中旬”。[①] 这个文本，最早被清初的吴淇记录于《粤风续九》，后来又先后被清代康熙年间陆次云的《古今文绘稗集》及王

① 覃桂清．刘三姐纵横［M］．南宁：广西民族出版社，1992：262.

士禛的《池北偶谈》等著作转录或引述。

孙芳桂文中给出了两个时间点，看似证据确凿，但仔细推敲就会发现“唐中宗神龙五年”的表述是有问题的。因为据历史记载，唐中宗的“神龙”年号只用了三年，所以“神龙五年”的说法是不成立的。有人认为，这很可能是“景龙三年”的笔误——应是公元709年，也恰好是己酉年。刘三姐与张伟望对歌化石的时间是“开元十三年乙丑正月中旬”，即公元725年。推算一下，她那年16岁，正是花样年华。这样一看，这似乎不是美丽的传说，而是真实的历史，刘三姐和张伟望都是实际存在的人。但要通过这样一个写作于清代、有明显错误的文本去考据唐代的人和事，终归难以令人信服。而且，化石成仙的桥段也过于离奇，现实生活中不可能存在。

在孙芳桂之后，一篇名为《刘三妹歌仙传》的文章也记录有相同的传说，同时对传说采录的过程做了描述。文章的作者被认为是与孙芳桂同时期的清初文人张尔翮。不过有学者经考证认定，这个文本应该也是孙芳桂所作，是孙芳桂署名文本的初稿。[①] 由于历来传为张尔翮所作，本文为行文方便，故仍沿用这一说法。

清初广东文学家屈大均在《广东新语》一书中对刘三姐生平事迹的记述，和孙芳桂的文本有很多相同之处。但该文

① 区茵.《粤风续九》中的“刘三妹”故事[J].青海社会科学,2012(5):214-218.

也有不少自己的观点，例如，开篇第一句就说“新兴女子有刘三妹者，相传为始造歌之人”，语气肯定地说刘三姐是广东新兴人，是传说中创造歌谣的人。

清代顺治年间的进士闵叙到广西督学时，也在《粤述》里记录了这则传说：唐景龙年间，贵县西山有个刘三妹，和朗宁白鹤的书生张伟望对歌，唱得兴趣正浓时，变成了石头，至今还留有遗迹。清代顺治年间的进士王士禛在《池北偶谈》也有记述：“相传唐神龙中，有刘三妹者，居贵县之水南村，善歌，与邕州白鹤秀才，登西山高台，为三日歌。”

在上面提到的文献中，关于刘三姐出生或生活的年代稍有不同，分别是唐代神龙五年、中宗神龙元年、景龙年间、神龙年间。神龙是武则天的年号，唐中宗沿用不改，时间是公元 705 年农历正月至 707 年农历九月。唐中宗指李显，景龙是他在位时的年号，时间是公元 707 年农历九月至 710 年农历六月。这些时间差别并不大，对这些时间点的强调，显然是对刘三姐作为真实历史人物的坚持。

三　刘三姐传说的空间性

说到刘三姐传说的空间性，是要了解它们在空间分布上的特点。对于这一点，需要通过刘三姐传说在各地的流传数量来分析。据覃桂清的统计，其所见有关刘三姐的传说至少有 67 条，流传地域包括广西、广东、云南、贵州、湖南、江西、台湾、香港等。其中，广西有 40 条，广东有 18 条，湖南有 3 条，台湾有 2 条，江西、贵州、云南、香港各有 1 条。[①]流传于广西各地的刘三姐传说是最多的，涉及 40 个市县。但有些说法在好几个市县都有流传，有的地方虽然没有完整的传说，却有与刘三姐相关的风物。如果把这些都算上，那么数量就不止 40 条了。根据覃桂清的统计，贵县的传说数量最多，共有 9 条。在它之外，各地的相关传说和风物大致如下：宜山县、金秀瑶族自治县，各 6 条；扶绥县、恭城瑶族自治县，各 5 条；玉林市、柳州市、象州县、平乐县、昭平县，各 3 条；桂平县、平南县、容县、罗城仫佬族自治县、苍梧县、合浦县、

① 统计源于广西民族出版社 1992 年出版的《刘三姐纵横》（覃桂清著）。（注：原书统计数据有误，现根据罗列情况进行修正；地名提法沿用当时建制。）

马山县、柳城县、富川瑶族自治县，各 2 条；岑溪县、横县、东兰县、都安瑶族自治县、大新县、上林县、环江毛南族自治县、来宾县、融水苗族自治县、鹿寨县、三江侗族自治县、蒙山县、荔浦县、阳朔县、灵川县、龙胜各族自治县、桂林市、灌阳县、贺县、钟山县、邕宁县，各 1 条。

按照前面的统计，广东各地刘三姐传说的数量是 18 条，仅次于广西。但如果把相关风物都算上，也远不止于此。其具体分布及数量大致如下：阳春县，15 条；梅县，6 条；肇庆市及高要县，连南瑶族自治县，各 5 条；新兴县，3 条；封开县、罗定县、兴宁县、连山壮族瑶族自治县，各 2 条；五华县、蕉岭县、平远县，大埔县、丰顺县，翁源县、乳源瑶族自治县，台山县，恩平县，海丰县，连县，电白县，各 1 条。其中，有一些县市流传同一个异文。

根据罗宾选编的《刘三姐传歌故事》的 80 个传说文本，确指广西的 72 个、广东 6 个、湖南 1 个，泛指“两广”的 1 个。其中，广西的流传地包括现在的宜州区、柳州市、鹿寨县、融水苗族自治县、融安县、三江侗族自治县、龙胜各族自治县、桂林市、灌阳县、恭城瑶族自治县、阳朔县、富川瑶族自治县、钟山县、贺州市、金秀瑶族自治县、河池市、东兰县、巴马瑶族自治县、都安瑶族自治县、平果市、马山县、上林县、扶绥县、崇左市、上思县、钦州市、合浦县、贵港市、桂平市、玉林市、容县、岑溪市、苍梧县等 33 个地区，还有 3 个传说只泛称“桂西”；广东的流传地包括罗定市、阳春市、梅州市等地。

总的来说，刘三姐的传说主要流传于广西和广东。其中，在广西的分布更为广泛，包括西部和南部以外的各区域。

刘三姐的传说在广东的分布也相当广泛，除了西部的阳江市、肇庆市、清远市和云浮市，东部的梅州市也有比较集中的分布。各地对刘三姐的称呼不一，梅州、兴宁一带称刘三妹，清远、肇庆、阳春一带称刘三姐，连州、阳山一带称刘三姑，阳江称刘三妈，电白称刘三妹。

第二章　千山万壑颂三姐

在文人笔记、县志及人们的口耳相传中，刘三姐是个能歌善唱、聪明美丽的神奇女子。她正值青春年华，长得很好看;她对付欺压百姓的莫怀仁，机智勇敢;她与三个秀才对歌，令他们落荒而逃；她与朗宁少年对歌，双双化石而去，留下美妙的歌声让人们沉醉怀想。除了这些，她还是百姓的保护神，有着非凡的法力：她在雨中不会被淋湿，她能够把石头煎软，她可以调动山神筑城墙，她的歌声能让稻谷快速生长，她甚至还有能力消灭蝗虫。因此，人们喜欢她，爱戴她，赞颂她。

一　美丽聪慧

在文献记录与人们的口口相传中，刘三姐的容颜并不是大家重点关注的部分。但人们在叙述刘三姐的故事时，会很自然地先描述她的外貌特点，再讲述她过人的歌才。

在历代文人的笔下，刘三姐容貌秀美，衣着华丽，饱读诗书，堪称美丽与智慧并具。孙芳桂就写道："三妹服鲛室龙鳞之轻绡，色乱丽霞，头作两丫鬟丝，发散垂至腰，曳双缕之宝带，蹑九凤之纹履，双眸盼然，掩映九华扇影之间。"

彩调剧中的刘三姐　梁汉昌 / 摄

从上面的文字中，人们不难想象：刘三姐穿着轻绡质地的衣服，上面绣有鲛人居室、龙鳞的图案，绚丽飘逸，长发垂腰，脚穿绣花鞋，明眸善睐。

张尔翮的《刘三妹歌仙传》一文里，对刘三姐外貌的描述强化了观者的感受："至其貌之羞花掩月，光彩动人，见之者无不神骀意荡。"[1] 意思是说，刘三姐长得羞花闭月，光彩动人，见到的人都会为她沉醉。

对于刘三姐的聪慧，张尔翮用了更多的笔墨：她七岁时就喜欢读书写字，不爱女红，聪明敏达，被人称为"女神童"；十二岁时，她就能读懂四书五经，善于唱歌，父老乡亲指物让她唱歌，她能马上唱出来，而且符合音律。

这样才貌双全的刘三姐，自然也留下了浪漫的爱情故事。在张尔翮的记载里，刘三姐十五岁被许配给了姓林的人家，十七岁时和郎宁白鹤乡少年张伟望一起登上山顶对歌七天，不分高下，最终化为石头。刘三姐原来许配的林姓未婚夫登山去验证，结果也化作了石头。在张尔翮记录的这则故事里，据说彼时山巅还有三个人的石像。在民间传说里，也说刘三姐和郎宁白鹤乡的少年化为石头后，变成仙人，双双骑白鹤而去。

在肇庆的传说中，刘三姐是汉族人，和她相恋的少年是

① 覃桂清．刘三姐纵横［M］．南宁：广西民族出版社，1992：266.

白鹤村一个苗族少年。那个苗族少年上山打柴，总是打得又多又快。他心地善良，每天吃饭之前总要腾出一点米饭喂养湖边的白鹤，所以无论他走到哪里，总有白鹤陪伴。刘三姐跟着苗族人学会了唱歌跳舞，还学会了苗语。后来官吏知道刘三姐和这个少年相爱，便要拆散他们，刘三姐不理睬，和少年登上阆风岩顶唱歌，歌唱汉苗一家亲。他们唱了七天七夜，最后双双乘鹤飞走，不知去向。

在壮族民间的口耳相传中，刘三姐的形象比文字记录更加朴实，也更加亲民。她就像身边的邻家姑娘，是劳动阶层的，和人民站在一起。人们对刘三姐的美丽不作详细描述，而是通过人们对她的倾慕衬托这种美丽：有为青年爱慕她，成就了美好的爱情。青年的名字无论叫“李示田”“李小牛”，还是叫“甘王”或其他，都是质朴的乡村少年。财主土司也喜欢她，其名字无论叫莫怀仁还是莫仁怀、莫海仁，都有一样的坏心肠，和刘三姐处在对立面上，双方斗智斗勇甚至斗得你死我活。传说中，男青年想通过对歌得到刘三姐，比如，有前来对歌的秀才爱慕刘三姐，因对歌失败而走到了她的对立面。

据广西宜州下枧河畔的传说，刘三姐叫刘善花，因为排行第三，所以叫三姐。三姐长大了，越来越美丽，山歌也越唱越好听。一个叫李示田的小伙子来向三姐学歌。附近莫村有个财主叫莫仁怀，因为他性子刻薄，专门欺负穷人，大家都叫他“莫人坏”。他见三姐生得美丽，又唱得一口好山歌，想要三姐做小老婆。他请了一个媒婆来说媒，三姐当场呸了一下，唱歌骂起来：“我不爱坏人不爱财，你瞎了眼睛乱跑来，一抓稻草四块板，叫你坏人狗洞埋。”

莫仁怀听了媒婆转述的话，心里很不舒服，于是找了广东来的三个水客去和三姐对歌，但是都失败了。而此时，李示田的歌唱得越来越好，经常和三姐唱歌。莫仁怀知道了，就找到三姐的哥哥说三姐败坏门风。于是，三姐的哥哥就不许她再唱歌。但三姐还是会半夜悄悄溜出去和李示田唱歌。某天，莫仁怀捡起一块鹅蛋石，告诉三姐的哥哥，让三姐把石头放手心里，下面用火烧，如果石头能煎软他就作罢，如果煎不软就要三姐当小老婆。结果三姐居然真的把石头放在手心里煎软了。有一天，三姐去砍柴，看见李示田在对面山崖上砍竹子，于是她把扁担插在石岩缝里，攀登到悬崖边的葡萄藤上坐着，又和李示田唱起山歌来：“一面唱歌一面摇，葡萄藤上好逍遥，你一首来我一首，气得‘人坏’颈生疱。”莫仁怀把三姐坐的葡萄藤根砍断了，但是三姐摇荡一下就接起来了。后来莫仁怀再砍断葡萄藤后，马上把脸盆盖在藤根上，三姐接不上藤，跌落水中，被冲到了柳江河里。但三姐没有死，而是装扮成一个乞讨的老妇人，和莫仁怀说她看见三姐在岩洞里唱歌。莫仁怀让她带路，三姐便把他领到洞边。等莫仁怀一进洞，三姐就用拐杖在岩洞口用力一敲，岩洞的大石块就合上了，莫仁怀被压扁在洞里，只剩下一只脚在外面，最后变成了石头。

在台湾美浓镇，也有关于刘三姐的传说。说的是刘三妹唱山歌未逢敌手，连秀才罗隐都斗输了，因此她的名声更大了。这时附近有个有钱有势的大财主，想娶刘三妹做老婆，但明知唱山歌唱不赢她，想要强娶她。刘三妹只好与其弟坐船沿梅江一路传歌，后来从潮州出海，要传歌到台湾。在茫茫大海上，她心胸开阔，山歌唱得特别多。海龙王的儿子看中了她，想抢她去做老婆，便兴风作浪。顿时，惊涛滚滚，白浪滔天，刘三妹坐的小船一时被抛上浪巅，一时又跌入浪谷。正在危急之际，忽然一群海鸥飞来，把刘三妹等人托起，然后飞到台湾美浓镇。他们便在那里定居下来，开荒耕作，教人唱歌。从此，客家山歌便渐渐地传遍了整个台湾岛。

刘三姐尽管美丽聪慧，追求自由与爱情，充满斗争精神，但在传说中，关于她获得美满爱情的描述并不多，她的结局或是对歌化石，或是被害身死，或是死后升天，或是四处流浪传歌。在礼教森严、女子多被禁足的封建时代，这或许就是人们所能想象的一个自由女性的命运。

歌舞剧《刘三姐》剧照

二　能歌善唱

刘三姐的聪明，主要通过唱歌来体现。那么她的歌唱才华达到什么样的程度呢？

目前所见的关于刘三姐过人歌唱才华的描述，在孙芳桂的《歌仙刘三妹传》和曾光国的《始造歌者刘三妹遗迹》中，它们被清代初期的吴淇编入《粤风续九》一书中而得以流传下来。

孙芳桂的《歌仙刘三妹传》对刘三姐生平事迹的描述非常细致，有关其歌唱才华的文句主要有：

年十二，通经史，善为歌。父老奇之，试之顷刻立就。十五艳姿初成，歌名益盛。千里之内，闻风而来，或一日，或二日，率不能和而去。十六，来和歌者终日填门……[1]

根据作者的描述，刘三妹年仅十二岁就熟读古代典籍，善于歌唱，父老乡亲均觉神奇，出题考验她，她一下子就创作出来；十五岁时她善于歌唱的声名更大，千里之内的人们听说后纷纷赶来和她对歌，但一天或两天就因对答不出而离去；十六岁时来找她对歌的人每天从早到晚地排在她家门口。

孙芳桂在文中还极力渲染了她和邕州白鹤少年张伟望的对歌过程：衣着隆重的两人先在歌台上对答，男方唱《芝房烨烨》之曲，女方就回以《紫凤》；男方唱《朗陵花》，女方就唱《南山白石》；双方迭唱迭和，不断变化，甚至用瑶、壮等民族的语言进行歌词创作时，也能充分表达各自要表达的意思；听歌的人越来越多，两人一唱一和不分胜负，于是相约到山顶对歌，第七天人们上去看时，两人已经一起化为石头了。

曾光国的《始造歌者刘三妹遗迹》一文也具体描述了刘三姐的歌唱天赋，特别强调她作为"始造歌者"的作用，文章是这么说的：

刘三妹，不知何时何许人，相传为始造歌者。生而聪慧，

① 覃桂清．刘三姐纵横［M］．南宁：广西民族出版社，1992：261.

解音律，游戏得道，尝往来两粤间。两粤蹊峒，种类最繁，所过之处，咸识其语。遇某种人，即依某种声音作歌，与之唱和，某种人永奉为式焉。同时又有白鹤秀才者，亦善歌，相遇于邑之西山，相与登山而歌，粤西之民与裔，不远数百里，皆裹粮从之。歌处名七星岩，后有如人两石涌出，岩颠宛相对立，一男形曰秀才石，一女形曰妇人石。妇人石，云即刘之化身也。每风月夜，隐隐闻歌唱之声。自此，居人善歌者亦多，或至废业，堪舆家谓于地弗利，椎破其口，遂止。邑之南山有洞，亦刘唱歌处，其岩亦以白鹤名，土人祀刘于洞中。凡作歌者，不论民与俍、僮、瑶、山子等类，歌成，必先供一本祝者藏之。有求歌者，就而录焉，不得携出，渐积遂至数箧，兵后，荡然矣。南山之南又五里许，亦有洞，曰“刘三妹洞”，呼之辄应云。[①]

上文一开始就点明刘三妹是传说中的造歌人，她生来就非常聪慧，懂得音律，在游玩嬉戏中掌握作歌的规律，曾经在少数民族繁多的广西和广东之间往来，每经过一个地方，都能懂得他们的语言，还能根据他们的声音作歌，和他们对唱，被对方奉为模板。她和白鹤秀才在七星岩对歌，粤西的人们纷纷带上干粮赶来欣赏。后来，在他们对歌的地方，出

① 区茵，龚俅．贵县名士曾光国所“述”的“刘三妹”故事：评两则新发现的清初“刘三姐”传说资料[J]．玉林师范学院学报，2012(3)：42-46.

现两块对立的人形岩石，像男子的那块叫秀才石，像女子的那块叫妇人石。据说，妇人石就是刘三妹的化身。每到有风有月的晚上，人们能隐约听到歌唱的声音。从那时起，当地人会唱歌的就多了起来，有的甚至荒废了自己的工作，风水先生认为这对当地不利，于是把妇人石的嘴巴椎破，这种情况才停止。在城南的山上有一个洞，也是刘三妹唱歌的地方，那块岩石也以白鹤命名，当地人在洞中祭祀刘三妹。所有唱歌的人，不论民族，唱完后必须供上一本歌书，有人来求歌时，只能就地抄录，不得带出去，后来逐渐积攒出好几箱，可惜战乱之后，这些歌书都没有了。

在以上两位作者之后，张尔翮、王士禛、陆次云、屈大均等清代文人对刘三姐的歌唱才华都有过较为具体的描述，与前人的说法都大同小异。总的来说，大家特别强调刘三姐超凡的即兴创作能力，例如，孙芳桂说她“顷刻立就”，张尔翮说她“能指物为歌”。

尤其难得的是，刘三姐精通各类方言，可以按各地方言的韵律创作歌曲。孙芳桂说她擅长创新，不拘泥于旧的歌词，能按照少数民族的方言创作合适的歌词，而且都很贴切，就算是该民族的专家都不一定比她创作得好：“自此迭唱迭和，番更不穷，不沿旧辞，不夙构，时依瑶诸种词，各如其意，之所欲出，虽彼之专家，弗迷也。”曾光国这样评价她：无论走到哪里，都知道对方的语言；无论遇到什么人，都能用对方的曲调与其对唱并让其奉为模板。陆次云、屈大均等人沿用了曾光国的说法。

有了这样的歌才，刘三姐对歌自然难遇敌手。孙芳桂说来找她对歌的人通常一两天就败走，只有白鹤秀才张伟望和她不相上下，对歌七天后化为石头。张尔翮更用善歌的古人来衬托、渲染刘三姐的歌才：

> 樱桃之口，不让樊素，真可欺莫愁，而压永新。是曹娥之绕梁，陶妻之黄鹄，皆不足羡也！爰是数百里之歌者，莫不闻风而来，迭为唱和，或一日或二日，即罄腹结舌而走。而歌仙之名，遂由此盛也。①

樊素、莫愁、永新皆为典籍中善歌之人。樊素是白居易的家姬，擅长唱歌。莫愁是古乐府中流传的善歌的女子。《唐书·乐志》中载："莫愁乐者，出于石城乐。石城有女子名莫愁，善歌谣。"永新原名许和子，是唐朝开元年间宫廷教坊中的一员，歌声婉转，所唱曲目被后人编为国乐曲，名为《永新妇》。《开元天宝遗事》记载有"帝尝谓左右曰：此女歌值千金"。

张尔翮连用三个古代擅长唱歌的女子来为刘三姐做陪衬，以突显刘三姐高超的歌唱技艺。这样还不够，他还拿余音绕梁的典故来夸赞刘三姐。据《列子·汤问》："昔韩娥东

① 覃桂清．刘三姐纵横［M］．南宁：广西民族出版社，1992：266.

之齐，匮粮，过雍门，鬻歌假食。既去，而余音绕梁欐，三日不绝，左右以其人弗去。”张尔翮的文章中写作“曹娥”，应是“韩娥”的笔误。总之，刘三姐的歌源源不断，很多擅长唱歌的人和她比赛纷纷败下阵来。

屈大均的《广东新语》夸赞刘三姐精通各种语言，遇到哪个民族的人，就按其民族语言创作歌曲，她创作的歌曲都被当作范式：

> 千里内闻歌名而来者，或一日或二三日，卒不能酬和而去。三妹解音律，游戏得道。尝往来两粤溪峒间，诸蛮种族最繁，所过之处，咸解其语言，遇某种人，即依某种声音，作歌与之歌和，某种人即奉之为式。①

刘三姐的歌唱得有多好呢？孙芳桂对她和张伟望对歌的过程有过生动描述，说男方先后用了《芝房烨烨》《朗陵花》之曲，女方则分别答以《紫凤》《南山白石》。他们精彩的对歌吸引了大批的“粉丝”。孙芳桂说：“于是观众者益多，人人忘归矣。”张尔翮则说：“观听者男妇不啻数百，环堵重重，于是三日夕，竟亡寝食，而歌声不歇，人人艳赏，声振于野，未免杂沓。”意思是说，来围观刘三姐和张伟望对歌的人至少有好几百人，大家听得入迷忘记了睡觉、吃饭。

① 覃桂清．刘三姐纵横［M］．南宁：广西民族出版社，1992：263.

在民间传说中，人们也往往通过描述刘三姐与秀才的对歌过程突出她高超的歌唱水平。如果说在文人笔下刘三姐对与她对歌的秀才是友好的甚至是含情脉脉的，那么，在劳动人民的口耳相传中，她对秀才则多是不留情面的讽刺挖苦甚至批判。

王礼锡在《江西山歌与倒青山风俗》里记录了一则传说。据说广东有个刘三妹，她肚子里的山歌最多，什么歌都能和得来。江西一个学识渊博的先生听说了刘三妹的名声，十分嫉妒，装了满满一船的书去访她。从江西到广东，问不到刘三妹的踪影。一日，到了一处码头，一个洗衣服的少女问他为什么远道而来，他说来找刘三妹斗山歌。她问这个先生有什么厉害之处，他指着一船的书说，自己的本钱就在这里。于是少女唱了一首歌："江边洗衣刘三妹，你有山歌唱得来。山歌只有心中想，哪有船装水载来？"先生忙着翻书，找不到典故，半天不声不响，最后把一船的书全部送给了水神，羞愧地摇着空船回去了。

在贵港西山也流传着"刘三姐一歌难倒三秀才"的故事。有一天，刘三姐在大茶江边浣纱，一艘大船远道而来。船头站着三个秀才，说来寻找刘三姐对歌，不知道哪个是刘三姐。刘三姐不理会他们。他们得意地说着"刘三姐不敢唱歌，就算认输了""敢唱也对不过我们，看见我们这船歌本都怕了"这类话。刘三姐等他们笑够了，抬起头问他们姓什么。三个秀才说，他们分别姓陶、李、石。刘三姐立刻唱了一首歌：

姓陶不见陶（桃）花发，
姓李不见李花开，
姓石不见石头泛，
三只乌龟哪里来？

三个秀才你看我，我看你，谁都答不上来，翻遍歌本也对不出来，最后把歌本丢到河里垂头丧气地乘船离开了。

据广东的一则传说，清末梅县松口圩有个刘三妹，是个唱歌能手。大埔县有个罗秀才，带着歌本来找她对歌。罗秀才唱道：

竹篙打水两边开，
千里路远搭船来。
载满山歌走天下，
从来未遇好歌才。

刘三妹回道：

河唇洗衫刘三妹，
借问阿哥哪里来？
自古山歌从口（松口）出，
哪有船装水载来？

罗秀才翻看歌本，不知道怎么回答，刘三妹又继续唱：

爱唱山歌请过来，
一条去哩一条来。
山歌去哩无回转，
雨打戏棚会衰台。

自命不凡的罗秀才听了非常狼狈，叫划船的人掉转船头，就这样逃走了。

按照另一则传说，和刘三姐对歌的先生罗秀才其实是唐代大诗人罗隐，他是玉帝派下凡来做王称帝的，所以一出生就会说话、识字、读书，所有人都说他是神童。他去土地庙玩，土地仙都慌忙站起来迎接。他老是过去玩，土地仙就有点累，不起身迎接显得不恭敬，起身迎接次数太多了又麻烦得很。于是土地仙托梦给罗隐的母亲，让他不要再往庙里来。罗隐的母亲听了很高兴，说自己儿子一旦做了皇帝，就要把她的仇人万家杀尽。结果灶君以为她说要杀尽万家人民，就上报玉帝。于是,玉帝让人换了罗隐的肋骨,让他做不了皇帝，只能读书、识字、写文章，而且也只能做个秀才，举人都考不中。罗隐很郁闷，就在家里写山歌。后来，他带着自己写的歌书去找刘三姐对歌，却被刘三姐讽刺了一番，对不出来，只好把歌书抛进河里回家去了。其中一部分山歌还保留在世上，人们还会传唱。

当然，刘三姐也不是从来没有败绩。在柳州的传说里，她被地主（有的说是她哥哥）砍断葡萄藤后掉入水中，顺水漂流，最后被老渔翁所救。她想嫁给一个唱歌比自己厉害的人，却一直找不到对手。后来，有个农夫和她对歌，唱到最后，她有些支撑不住了。这时，从水潭里跃起一条大鲤鱼。她跃上鱼背，骑鱼上天去了。农夫呆望着，叹息一声，也飘然离去。

但总的来说，刘三姐的歌唱才华是被极力肯定的。有的传说甚至夸张地说，来听歌的人像潮水一样涌来，把四周的山头都踩低了。在各地民间，赞颂刘三姐的山歌比比皆是，比如：

唱歌好，
唱得歌好会成仙。
不信你看刘三姐，
朵朵莲花坐千年。

自从盘古到如今，
山歌未曾传过名。
广西有个刘三姐，
万古歌名天下传。

柳州有个鱼峰山，
山上有个鲤鱼岩，
岩里有个刘三姐，
唱歌好来成歌仙。

唱歌不是人发癫，
有人唱歌得成仙。
不信你看刘三姐，
鲤鱼岩里坐千年。

在壮族民间传说中，人们把刘三姐奉为“歌仙”。在瑶族传说中，人们说她是唱歌的鼻祖，通过唱歌成为神仙，成为创造歌唱的人。或许只有这样的赞颂，才能表达人们对刘三姐的热烈爱戴吧。

三　力量神奇

美丽聪明，擅长唱山歌，这些普通人也能做到。但有的能力，凡人却无法拥有。在民间传说中，刘三姐不仅歌唱得好，聪敏过人，还具有一般人没有的特殊能力。

刘三姐的第一个特殊能力是神奇的劳动本领。在以稻作农业为主的岭南地区，她最主要的劳动当然与此有关。在贵港的民间传说中，她插秧时不需要亲自下田干活，只要踮起脚尖看一看，就能够让九峒的田地都插好了秧，山歌是这么唱的：

柳州的刘三姐骑鱼升天雕像

刘三姐，本实贤，
插尽南山九峒田。
九个田头企一企（意为站一站），
禾根直直行对行。

同一组山歌的另外两首则说，刘三姐能用脚把石头踩成田地：

刘三姐，本实贤，
打纱打线在井边。

插秧

你在西山凌口看，
石头脚踏印成田。

刘三姐，甚威风，
打纱打线在井中。
你去西山凌口看，
石头脚踏印成方。

在广西平乐的传说中，刘三姐能够让乌鸦来帮助插秧。在这些传说中，她的神奇力量无须借助外力就能表现出来。

但不少传说也强调，刘三姐的神奇与歌唱有关。《苍梧县志》有这样的记载："使治田，歌如故，须臾终亩。"说的是她插秧速度很快，一边唱歌，一边插秧，片刻之间就完成了一亩。书中又说："耕田者，闻歌而田丰。天旱，祷雨尤验。"言下之意是，耕田种地的人只要听到刘三姐唱歌就会获得丰收，天旱时（刘三姐）祈雨特别灵验。

除了在水稻种植方面的本领超凡，她理纱织布的能力也非常了得。《苍梧县志》中说："使纺绩，而故棼其丝，随歌随治，即有绪。"意思是说，在刘三姐纺织时故意搞乱丝线，但她一边唱歌一边整理，很快就弄好了。

刘三姐的第二个特殊能力是能把石头煎软。根据广西玉林的民间传说，刘三姐的哥哥不喜欢她唱歌，就要求她把一块石头煎软。这看起来是不可能的事，但是刘三姐却一边唱歌一边把石头给弄软了，还用篾竹穿起来挂在墙上，山歌中是这么唱的：

大哥不准妹唱歌，
给块石头妹来煎。
煎煎炒炒就变软，
篾丝来穿挂墙边。

广西宜州的民间传说更神奇，说哥哥让刘三姐把石头煎软后才能出去唱歌。刘三姐把石头放在掌心，张口就唱：

他发癫，
他给石头我来煎。
手心石头煎得软，
他变石头我成仙。

手心煮得石头软，
你变石头我成仙。
“人坏”走到尽头路，
大石岩里压千年。

最后，刘三姐用手把石头煎得和糍粑一样软。哥哥没办法，只能放她出去唱歌。

类似的传说在广西扶绥也有，山歌是这么唱的：

大哥癫，
放石落锅给妹煎，
煎去煎来软又硬，
大哥睡着不知天。

在柳州的民间传说中，刘三姐不是把石头煎软，而是穿石头，它的大概内容是：

莫怀仁勾结官府想弄死刘三姐，于是刘三姐和哥哥来到柳州躲避。但刘三姐还是天天唱歌，哥哥心有余悸，不让她唱歌。他想了个难题，给了刘三姐一块又厚又圆的鹅卵石，让她用手帕角在石头中间穿个洞，能穿得过去就可以唱歌，否则不能唱。刘三姐心里想："我又不是神仙，手帕角怎么能穿得过？"她下意识地一边试着穿一边唱：

哥发癫，
拿块石头给妹穿；
软布穿石怎得过，
除非凡妹变神仙！

没想到，刘三姐的歌声传到天宫七仙女的耳朵里，七仙女非常感动，于是施展法术，从头上取下簪子射向刘三姐手里的石块，把石块穿出了一个圆洞。刘三姐看见手帕穿过了石头，高兴地唱：

哎——穿呀穿，
柔能克刚好心欢；
歌似滔滔柳江水，
源远流长永不断。

刘三姐的第三个特殊能力是遁形法。据广西宜州的民间传说，刘三姐要出去和心上人李示田唱歌，哥哥很反对，就搬了一张床堵在家门口不让她出门，但刘三姐使了个遁形法，转眼就到了大门外，还大声唱歌：

我哥癫，
我哥铺床在门边。
小妹三更溜出去，
我哥睡梦不知天。

还有的说，哥哥搬了一张凳子横放在家门口，自己守在那儿，结果刘三姐不知不觉地从凳子底下穿了过去。刘三姐的山歌是这么唱的：

我兄癫，我兄癫，
我兄担凳把门前，
你妹走跟凳底过，
正知你妹是神仙。

刘三姐的第四个特殊能力是消灭蝗虫。据广西平南的民间传说，刘三姐能通过唱歌治蝗除虫。在广东化州市的村子里，人们在“跳禾楼”时，楼上必挂刘三仙像，因为当年刘三妹到化北六皇山一带传歌时，正值虫害盛发，她发明了“百草丹”，消灭虫害，获得了丰收，从此以后，人们庆祝丰收“跳禾楼”、唱“禾楼歌”时，必先拜祭刘三仙。

刘三姐的第五个特殊能力是把脚当柴火烧。在广东阳春，流传着“刘三妹烧脚骨”的传说。据说，农历六月大忙时节，三妹的二哥二嫂挑秧到田垌去。快到中午时，二哥让三妹回家煮饭，说屋后有干柴可以烧火。三妹回去之后不久，二哥二嫂也插完秧回到家中，发现屋后的干柴还在那里放着，以为三妹没做饭，进了厨房却发现饭已经做好了，但灶间没有一根柴火。于是二哥问三妹怎么做的饭，三妹没有告诉他。第二天，二哥依然让她做饭。但为了知道三妹的秘密，二哥让二嫂偷偷跟着三妹回家，在厨房的窗口偷看。结果，二嫂发现三妹竟然把脚塞进灶膛里烧，于是惊讶地喊：“三妹，你烧脚呀！”三妹一听，赶紧把脚抽回来，但因为泄露了天机，她的脚被灼伤了。二嫂心疼地说：“三妹，你怎么用脚骨当柴烧啊，我们有的是柴呀。”三妹说：“这样做省事。”之后一天，刘三妹独自上云灵岭找来灵芝草，用七星丹灶炼药。把药炼好之后，三妹吃了一半，剩下一半用来敷伤口，结果很快就痊愈了。

除了上述神奇的本领，刘三姐还有很多特殊的本事，比如接鸭脖子。广东阳春有花颈鸭的传说，说的是刘三姐刚到黄泥湾的时候，衣食无着，于是给财主家做婢女，被安排去看鸭子。但她爱唱歌，有人约她去对歌，她很想去，但怕鸭子吃稻谷，于是在离开前先扭断鸭脖子，等唱歌回来之后再把鸭脖子接好。由于胡乱拼接，鸭脖和鸭身的羽毛颜色不对，相接之处就形成了一个花圈，于是有了花颈鸭。

据说在广西柳州的立鱼峰，长满了长年不落叶的满木树（疑指青檀树）。这种树在别的地方不常见，唯独多见于这座山。而这么多的满木树，是刘三姐为了造福百姓唱出来的。传说刘三姐来这里唱歌时，很多人赶来听歌，昼夜不息。白天，太阳把人们的头顶烤出了火；晚上，露水打湿了人们的衣服。于是刘三姐就唱歌，让石崖长出树木来为大家遮风挡雨。刘三姐的歌声一落，石崖上就有树木不断地长出来，所以当地有人把这些树叫作歌树。[1]

在广西恭城的传说中，刘三姐的歌声能呼风唤雨。传说刘三姐四处传歌，得罪了官家、财主，于是逃到了恭城。财主李老三见她貌美，想让她做小老婆，但三姐不从。有一天，三姐在山上和姐妹们采茶唱歌，李老三派了家丁来抢人。三姐被迫上轿，家丁把她抬走，眼看就要到山脚，三姐吹起一

① 邓凡平．刘三姐传说集［M］．南宁：广西民族出版社，1995：151.

声口哨，唱起歌："吹起口哨请山风，山风一定来帮我；伸出手来伸出脚，抬起花轿上山坡。"随着歌声，一阵风把花轿抬起，最后停在山顶上。李老三让家丁们再上山去抬三姐，三姐又吹起口哨唱起歌:"风神姑姑你最乖，四面八方聚拢来；财主狗腿要抓我，快吹他们下山崖。"歌声刚停，风就把家丁们卷起来摔下山崖。最后李老三请官兵来抓三姐，三姐唱道："狂风猛力给我吹，大雨尽力给我下，雷公用力给我劈，扫死这些狗官兵。"随即下起大雨。待雨过天晴,官兵都不见了，山顶上只留下一个石头轿子。

柳州立鱼峰的刘三姐塑像

在广西扶绥，也有刘三姐用脚当柴火烧饭菜的传说。三姐的哥哥不想让三姐挑水时唱歌，故意做了一对尖底桶给她，而她照样能让桶站得稳当，然后唱歌。在广西马山的传说中，三姐能招来鸟兽(或曰“山神”)一夜筑好城墙;可以在“天宫”说服“风伯”和“龙王”刮风下雨；可以让刚插完的秧马上长成；可以让乌鸦插秧；可以与观音同住，让观音听她唱歌；可以得道升天，甚至有的说她就是“龙母”。

刘三姐会耕田、插秧、纺织、烧饭、挑水、筑城墙、灭蝗虫……几乎精通所有和生活息息相关的农活，被视为稻作农耕之神，是农民“多功能的保护神”。水稻生长需要风调雨顺，以前在广西富川、恭城，以及广东肇庆、阳春等不少地方，每当遇到干旱，人们就会抬刘三姐的塑像游行，举行祈雨活动。祈雨活动除了为缓解旱情，还出现了缓解虫灾病害的功能。恭城当地人说:“娘娘下的雨,就是好的,旱了就解旱，有虫了就杀虫，这就是神仙的雨。”[1]

① 杨慧红．广西恭城瑶族刘三姐信仰研究——以南岬仙姑诞为例［D］．北京：中央民族大学，2019：41.

第三章　三姐故乡在何方

刘三姐的传说遍布四方，但她的故乡到底在哪里呢？

从现有的材料来看，刘三姐传说的主要区域是广西中部、东部和广东西部。关于她的故乡，分为广东和广西两种说法。有的认为，刘三姐是广东人，原名叫刘三妹，是到广西以后长大、变老而被称为“刘三姐”“刘三娘”“刘三妹”的。也

下枧河风光

有人说，广东的刘三妹来自广西贵港，是因为要到处传歌才在广东阳春黄泥湾落户的。实际上，刘三姐传歌到哪里，哪里就说当地是她的故乡。因此，在广东和广西，还有很多不同的说法。

一　三姐故乡在广东

关于刘三姐故乡在广东的说法，以阳春、新兴两种最为盛行。在肇庆、德庆、梅州等地，也有人说刘三姐是当地的人。

（一）阳春说

阳春位于广东省西南部，现为阳江市下属的一个县级市。西晋置莫阳县，南朝梁改阳春县，1994年改设市。当地有不少关于刘三姐的文献、传说和遗迹，但一般称她为“刘三妹”。刘三姐故乡在阳春的说法由来已久，南宋王象之的《舆地纪胜》在介绍“三妹山”时这样说：“刘三妹，春州人，坐于岩石之上，因名（三妹山）。”这也是目前见到的关于刘三姐籍贯的最早纸质记载。

清代道光年间的《肇庆府志》说：“铜石山在城北八十里思良都，高五十丈，袤五里……山半有墓，相传为刘女仙祖坟。有盗之者，雷电立至。”这本志书在关于古迹的介绍里说：“刘仙祖父墓，在县北八十里思良都，铜石岩东之半峰，相传为李唐时刘三仙女祖父坟，今尚存，春夏不生草。”这里没有直接点明刘三姐的故乡在阳春，只说在县境内城北八十里的铜

广东阳春刘仙三姐歌台　蓝军 / 摄

石山（岩）附近有“刘女仙”“刘仙”的祖坟，还说那里很神奇：春夏都不长草，如果有人盗墓，就会被雷电劈。那么，这里的“刘女仙”“刘仙”是谁呢？清代末年曾任按察使的安徽人方濬师在《蕉轩随录》中引用了“春夏不生草”的说法后，还特别指出：“刘三仙女者，刘三妹也。”

事实上，北宋时期的《太平寰宇记》也提到了阳春，但并未涉及刘三妹或三妹山。为什么呢？按照著名民俗学家容肇祖的推论，很可能是因为北宋时刘三妹的传说还不盛行，到南宋时期才比较盛行。

在当地民间传说中，也有刘三妹家在阳春的说法，但都强调她是从外地迁来的。有的说，她祖父是从江西迁到阳春黄泥湾定居的。有的说，她父亲从江西兴国县迁来春州黄泥湾，为她祖父建坟地时，请了徐东风“点穴”，徐问他是要九代状元还是要万代香烟，他说要万代香烟，徐就在铜石寺斜对面的山腰上点了处叫“金交椅”的宝地。他葬完先人的尸骸不久家中就生下一个女儿，因为排行第三，所以叫刘三妹。

对于刘三妹后来的去向，当地民间也有各种说法。秀才张伟望从广西千里迢迢来阳春找刘三妹，两个人一起对歌，唱了七天七夜，最后乘着白鹤飞到仙界去了。故事传到京城后，宋真宗把宋太宗亲笔写的“通真岩”三个字赐给阳春，就藏在铜石寺里。

在阳春，有不少关于刘三妹的遗迹：在春北，有“通真岩”“刘三岗”;在春南，云灵岭有处地势较高的田垌就叫“刘三妹”，岗尾区有处小山岗叫“刘三岗”；在潭水圩河对岸的旧圩大龙街南也有“刘三岗”，水口之前还有座刘三妹庙，但后来被毁掉了。

（二）新兴说

说刘三姐的祖籍在新兴，最早可见于明朝万历十六年（1588年）版的《阳春县志》。它在介绍峒石岩（即铜石岩）时说：“相传新兴女子刘三妹，于此修行得道而去。”

清道光年间的《肇庆府志》也说：“刘三妹，新兴人。世传在开建水石岩中修行得道，风晨月夕，机声远闻，入岩视之，则莫见其形，今岩内有机杼石。又阳春县志铜石岩刘三妹羽化处，但云不知何代。”

清代广东著名文人屈大均在《广东新语》有“刘三妹”词条，开篇就说：“新兴女子有刘三妹者，相传为始造歌之人。”文中还详细介绍了她的生平事迹：

出生在唐中宗年间，才十二岁就精通经史，善于唱歌。千里之内听说她的歌名而来对歌的人很多，但一天或两三天就败下阵来。她通晓音律，游戏得道，经常往来于广西、广东的溪峒之间。那里有许多少数民族，她每到一处，都能了解对方的语言，用当地歌调和本地人对唱山歌，（甚至）让他们奉为标准。她曾经和白鹤乡一个少年登山对歌，人们纷纷围观，围了有几十到上百层，大家都以为她是神仙。两人连续对歌七天七夜后，一起化为石头。因此，当地人就在阳春的铜石岩祭祀她。

对于铜石岩的情状，文中也特别渲染：岩高约三十丈，树木茂盛，被古樟树遮蔽了一半，岩口有一个石凳，上面青苔斑驳，好像是鸟爪印下的，另有一块石头，形状像一个弯曲的茶几，黑色温润有光泽，可以容一个人躺在上面。有月亮的晚上能听到仙鹤的声音，丰收时节则好像有人在岩顶唱歌。

在屈大均生活的年代，刘三妹已被称为“歌仙”。所有唱歌的人，无论民族，完成歌唱活动以后，一定会供奉一本歌书。管理者把歌书收藏起来，求歌的人可以来抄录，但不能拿走。日积月累，歌书攒了好几箱，但现在已经全部散佚了。

在肇庆的民间传说中，刘三妹是唐中宗时期的人，随家人从新兴迁到肇庆七星岩居住。她十二岁时便长得很漂亮，善于唱歌跳舞，也会织布，深得人们的喜爱。后来附近白鹤乡有个苗族少年和汉族的刘三妹相恋，被官吏阻止。于是，他们两个人一起登上阆风岩顶唱歌，七天七夜之后，双双乘鹤飞去，不知去向。

除了阳春和新兴，还有人说刘三姐是广东潮梅（今梅州）人。民国时期广西象州人刘策奇写过《刘三姐》一文，大概意思是：

传闻刘三姐是广东潮梅人，有唱歌的天赋，走遍两广一带，找不到对手。后来来到立鱼峰，遇到一个农夫，就和他对唱了三年又三个月，三姐似乎有些支撑不住，心中不免着急，一下子呆住了，化为石像，农夫看到后叹息一声，也随之逝去。

二　三姐故乡在广西

在民间传说中，更多的说法是刘三姐的故乡在广西境内。在广东阳春的黄泥湾，就有歌谣说刘三姐“生于广西白米洞，死于阳春黄泥湾”。但白米洞在哪个县哪个村，没有人知道。此外，关于刘三姐在广西的故乡，还有贵县、宜山、苍梧、扶绥等多种说法。

（一）贵县说

在文献中，认为刘三姐是贵县（今广西贵港市）人的说法非常丰富。其中，记载得最详细、最丰富也最有脉络的是孙芳桂的《歌仙刘三妹传》。这篇文章先后收录于清朝初年吴淇编撰的《粤风续九》和康熙己巳年（1689 年）蓉江怀古堂刊的《古今文绘稗集》中。文中对刘三姐的身世、才华、与秀才张伟望对歌的缘起有具体的描述，还特别渲染了歌台的装饰、刘三姐和秀才的装扮、现场的氛围，详细描述了两人对歌的过程。对于刘三姐的籍贯，文中说得很明确：“歌仙名三妹，其先汉刘晨之苗裔，流寓贵州（指贵县）西山水南村。”根据这种说法，刘三姐的父亲是汉代刘晨的后代，从外地流落到贵县水南村，也即今广西贵港市。

清代顺治年间的进士王士禛在《池北偶谈》中引述了《粤风续九》的记载："相传唐神龙中，有刘三妹者，居贵县之水南村，善歌。"说刘三姐居住在贵县水南村，擅长歌唱。《粤风续九》的作者吴淇曾在浔州，也就是今天的广西桂平当官，这本书是他搜集当地歌谣编撰而成的。

同是顺治年间的进士闵叙在《粤述》里也有相关描述。唐景龙年间，贵县西山有刘三妹和朗宁白鹤书生张伟望对歌，不相上下，最后在山顶上化成石头。直到今天，人们还能看到他们的遗迹，瑶族民众喜欢唱歌，就在这里建了一个庙，祭祀刘三姐，称她为"歌仙"。康熙年间闵叙曾在广西担任督

贵港市方竹村唱歌山上的对歌石　谢中国 / 摄

学，他的记录多半源于当地的传说。

清代雍正元年（1723 年）的清明节，《刘三妹歌仙传》的作者张尔翮去贵县西山拜访友人，88 岁的友人叔祖告诉他，自己年轻的时候就开始学唱歌，所以非常了解“歌仙”的事，但他以前看过的传本已经被火烧掉了，只能口述刘三姐的身世。从内容来看，和孙芳桂记录的基本相同，也说刘三妹是汉代刘晨的后代，父亲刘尚义流落定居到这里（西山），生了三个女儿，老大、老二也擅长唱歌，但因为很早就结婚成家，所以没有把歌传下来。刘三妹生于唐中宗神龙元年（705 年），才七岁就喜欢读书写字，不喜欢女红。她聪明敏达，被当时的人称为“女神童”。老人还强调，这些是自己从先人那里听说的，曾向很多人考证询问，详细地了解了“歌仙”的来历，并不是胡说。在文章的结尾，作者发出感慨，书被烧成了灰烬，没有证据，老人的言说似乎不可信，但是刘三妹和张伟望的石像如今还保留着，好像还能听到他们的遗响。

关于两人的石像，光绪癸巳年（1893 年）修订的《贵县志》卷七《纪故景色·歌仙石》明确记载：“有朗宁张秀才与歌仙刘三妹石，状俨如人相对坐。”但真是人化成了石头吗？或许，是石头的形状像人，被人们以民间传说附会了吧。

但关于刘三姐是贵县人的说法，似乎连广东人都认可。清代嘉庆年间，广东阳春人谭敬昭在《游通真岩并序》里明确地说，刘三姐不是阳春人，根据歌书记载，她是广西贵县人，因为擅长唱歌，乃至使唱歌成为当地风俗，瑶人至今把她当成“歌仙”进行祭祀。作者是阳春人，却说刘三姐不是自己家乡的，而是贵县人，还有歌书为证，如此这件事的可信度又增加了。

《阳春县志》曾有刘三姐是新兴人的说法，但清代乾隆年间修订的县志却把“新兴”二字删去，还说：“刘仙姑不知何许人，或云产于广西贵县，仙经所谓白石山。刘三妹者，唐景龙间人也。邑之铜石岩有方石，正如案，俗名唱歌台，闻仙姑修真于此，后飞升。”这里说刘三妹是唐景龙年间人，可能出生于广西贵县，来到了阳春的铜石岩修行。

根据彭祜声的调查，刘三姐是从广东迁到广西贵县的。[①]明代末年有一位家中排行第三的女子，因为逃难，随家人移居贵县南山，以务农为生。她擅长唱歌，歌才传自仙女麻姑。后来又移居西山，以纺织为生，至今西山的凌口石上还有她的脚印。彭祜声在文章中还说，虽然《贵县志》说刘三姐是唐代人，但根据西山人的说法，唐代时那里是没有人居住的，明朝才有人来落户，所以刘三姐应该是明朝人。

（二）宜山说

宜山县，即今广西河池市宜州区。有不少民间传说和地方史志说刘三姐是宜山人。《宜山县志》有关于“刘三妹”

① 覃桂清．刘三姐纵横［M］．南宁：广西民族出版社，1992：293.

的记载，大概意思是：

相传她是唐代时下枧村的壮族女子，生性喜爱唱歌，她的哥哥很厌恶她。两人到河边的悬崖上砍柴，三妹探出悬崖外，用手去扯一根藤，她哥竟把藤砍断，三妹就此掉落水中，顺水漂到梧州，当地人把她捞起来，建了座庙祭祀她，称她为“龙母”。直到今天，在她落水的悬崖上，还有木扁担斜插到悬崖外，木匣悬在崖旁，人无法上去，几百年过去，木扁担和木匣还没有腐朽。

在宜山，关于刘三姐的传说也非常丰富。但在她出生地的问题上，还是有不同的说法：有的说她是宜山人；有的则说她是与宜山相邻的罗城人，因为受到迫害，所以搬到了宜山中枧村居住。

在宜山各地，早年间流行着“请三姐”(“请妍禁”)的习俗。每年“三月三”或者中秋节前后，年轻男女聚在一起，由一个少女端坐堂屋中央，口含青草，脚踏扁担，手撑双颊，闭目凝神，佯装“妍禁姑姑”(即刘三姐化身)，在大门外燃香明烛，摆设供果，另由一妇女轻念《请三姐歌诀》：

三姐要来早早来，
莫在阴山背后挨。
三更半夜露水大，
打湿三姐绣花鞋。

念完之后，“娅禁姑姑”吐出青草，轻轻哼起“三姐下凡”的山歌，继之便用山歌和男女青年们对答谈心。青年们在恋爱中有什么挫折或疑问，都可以向“三姐”倾诉和请教。青年们还可以叫“三姐”把自己的“情人”请来对话。这时，“三姐”便以“情人”的身份和青年们对歌。最后，开始念“请三姐歌诀”的人会再念“送三姐歌诀”（即“退身歌”），“三姐”唱“辞凡歌”向大家告别。

在当地关于刘三姐的传说中，最出名的应属距龙江北岸

宜州风光

不远的流河乡下枧村。相传下枧村就是刘三姐居住的地方，村里有世传的刘姓人家，被认为是她的族人。在河边的下枧山上，有刘三姐砍柴时留下的扁担、毛巾、梳妆匣。传说下枧山下的河湾就是当年莫怀仁带领陶、李、罗三秀才跟刘三姐对歌的地方。莫怀仁则住在下枧村对岸的莫村。沿下枧河溯流而上，不远处有“三姐对歌台”“三姐传歌岩”“三姐梳妆室”，以及怀念三姐的“仙鹤望江”、托三姐上天的“鲤鱼峰”等遗迹。

借着这些传说、习俗与遗迹，2004 年，流河乡经广西壮族自治区人民政府批准，更名为“刘三姐乡”，2015 年正式撤乡建镇，改为“刘三姐镇”。

（三）苍梧说

位于广西东部，与广东肇庆毗邻的苍梧县也被认为是刘三姐的故乡。对此，《苍梧县志》的“三娘神”一文有记载，第一句就是：“三娘神须罗乡人，姓刘氏，生于明季。”[①] 这里的“三娘神”姓刘，生于明代，是苍梧县须罗乡人。在后面的叙述中，这个刘三娘非常善于唱歌，且有种种神迹：

上巳节（即今农历三月初三）时，风雨突然降临，弟弟妹妹都躲雨去了，只有刘三姐遇见神仙，端坐在石头上，衣服也没有被雨水打湿。从此以后，她不仅非常善于唱歌，而且具有了特殊的能力，对别人的隐秘能一语道破。她无论是在家纺织，还是下田干农活，都会唱歌。让她纺线理丝，即使乱成一团，她也能一边唱歌一边理出头绪。让她种田，她一如既往地唱歌，转眼间田就种完了。有时候，她连续很多天都不回家，没有人知道她去了哪里。让她去捡溪水里的石头做饭，打开锅一看，石头像粉一样柔软。村民们都把她当作神灵，祈求下雨每每应验。有一天，她回到家中说自己要

① 转引自《中国当代文学研究资料〈刘三姐〉专集》第 209 页。

去做神仙了，每年三月初三会回来，如果大家有什么愿望，到她以前坐的石头那里去诉说就会得到保佑。从此，她就不知道去了哪里。村民们建了一座庙来祭祀她。

县志中还提到，明代邝露写的《赤雅》一书说，浔州人恐怕不知道，怀集燕岩也有祭祀三娘的庙。但人们在这本书里并没有查到这条记录，恐怕是记录县志的人搞错了书名。但关于刘三姐出生于明代的说法，倒是和彭祐声所说的一致。

（四）扶绥说

扶绥县位于广西西南部，隶属于崇左市。当地也流传着刘三姐是扶绥人的传说。黄文昭根据民间传说搜集整理如下："从前，我们扶绥县有一位壮族姑娘，名叫刘三妹，生得容貌超群，人才出众，是一位著名的壮族歌手。因此，人人都称她为'左江山歌仙女'。"①

在扶绥县渠黎镇新安村，有唱诵刘三姐的口传歌谣，里面提到了她的身世：

爷娘生来真好女，
正是观音托世姨；
眼像天星眉像月，
口似石榴花正内。

① 转引自《中国当代文学研究资料〈刘三姐〉专集》第 230 页。

老爷名叫农达义，
老娘名叫黄仙娟，
阿哥名叫农勇新，
三妹本是农梅花。
三妹长到十八岁，
口齿聪明又伶俐；
出口成歌早闻名，
财主恶人世都知。[①]

这首歌里说，刘三姐名字本来叫农梅花，是新安村人，因为唱歌唱得好，声名远播。财主想娶三姐，三姐不从，财主就带人去抢。三姐被追得跌落悬崖，幸好被藤蔓吊住。财主狠心让人砍掉了藤，三姐跌落到江河之中。手帕漂到了扶绥县扶南乡长沙村，所以长沙村的妹子爱用手帕裹头；漂流到杨美村的时候，刘三姐唱到嗓子哑了，所以杨美的人如今喉咙都是哑的。三姐的哥哥在杨美找到了三姐的尸体，在新安村山下给她造了坟。对此，当地有歌谣唱道：

流了流，三姐流，
三姐姓农叫成刘。
前班教出后班接，
班班相传代代留。

① 覃桂清．刘三姐纵横［M］．南宁：广西民族出版社，1992：384-385.

对于农梅花变成刘三姐的原因，当地人的解释是：刘三姐顺水漂流，被人误传成了三姐姓刘。新安村曾有三姐的石墓，20 世纪被炸毁，后来村民进行了修复。每年农历三月初十刘三姐诞辰时，人们都会去拜谒，并一起对山歌。

（五）罗城说

罗城仫佬族自治县隶属于广西河池市，与宜州相邻。关于刘三姐是罗城人的说法，也见诸志书和传说。据《罗城县志》记载，刘三姐原来出生在天河县下里的蓝靛村（今罗城四把镇蓝靛村），那里还有她故居的遗址，村子里的刘姓族谱也有记载。蓝靛村离罗城县城很近，刘三姐常到县城去唱歌。在新中国成立前，县城城关多吉寺的后殿正中就供奉着刘三姐的神像，名为“三姐歌殿”，游人经常在那里对歌。1958 年，彩调剧《刘三姐》创作组经过采风，认定刘三姐是罗城人。

根据宜州老人韦丙兴口述、邓业建记录整理的传说，刘三姐是唐代末年罗城人，十七岁时受胡员外所迫，搬到了宜州中枧村安居，她父亲叫刘雁投，母亲沈氏，哥哥叫刘正夫，还有个姐姐叫二姐。

在距罗城县城 40 多公里的剑江村竖着两块大石头。两块大石头所在的两座山相对而立，大概只有 200 米的距离。两块大石头看起来像两个人，当地人分别给它们起名为“三姐望乡”和“秀才看榜”。“三姐望乡”看起来像一个戴着壮族头饰的女孩，背着一个背篓，微微抬起头，透过层层叠叠的青山，遥望着无际的稻田、潺潺的小溪、翠绿的修竹。与之相对的“秀才看榜”就在对面的山上，一座山峰似乎被劈掉了，形成一面天然的崖壁，一块大石立在一旁。从山脚下抬头望，仿佛是一位秀才站在山头，抬头仔细查阅自己是否榜上有名，秀才帽子上的丝带被山风吹得飘然而起。在人们看来，罗城有“三姐望乡”和“秀才看榜”，就足以证明刘三姐的故乡在罗城。

罗城风光

根据罗宾选编的《刘三姐传歌故事》，在宜州，也有传说称刘三姐生在罗城，十七岁时因受到土豪的迫害，搬到了宜州中枧村居住。这个传说主要有三方面内容：其一，刘家哥哥和姐姐因为担心刘三姐唱歌会耽误终身大事，想通过劳动比赛阻止她唱歌，但没有成功；其二，当地土豪胡员外的大儿子看上了刘三姐，被她用歌骂到气死，由此遭到迫害，三姐不得不离开家乡，住到中枧村；其三，刘三姐和三个秀才在船上对歌，其中两人答不出气得跳河，另一人变成鲤鱼逃到柳州鲤鱼岩。

民间的叙事歌《歌仙刘三姐》也反映了类似的内容：

三姐世居在罗城，
生养在那古立村；
爹娘生下哥和姐，
刘家三代是农民。
姐年六七就唱歌，
肚里山歌有几箩；
唱歌唱到不知饿，
世人难比姐歌多。
姐歌唱到下枧村，
村排下枧紧相邻；
居住山间石崖下，

茅草盖棚来安身。

…………[1]

总之，很多地方的人都宣称刘三姐是他们那里的人。这些地方大多隶属于广东和广西，也就是古代的岭南地区。那么，为什么是广东和广西？为什么大家都要抢做刘三姐的家乡人？在这么多种说法中，哪一种是真实的？实际上，当我们提出这些问题时，隐含着一个前提，那就是刘三姐是真实的历史人物。但是，世间真的有刘三姐吗？对于这个问题，学术界有不同的说法：有的认为，刘三姐是人们虚构出来的；有的认为，刘三姐确有其人。持后一种观点的人，对刘三姐的族属问题也有不同看法。下一章会对这个问题进行介绍。

① 覃桂清．刘三姐纵横［M］．南宁：广西民族出版社，1992：394-395.

第四章　三姐属哪个民族

刘三姐传说流布的区域，生活着汉、壮、瑶、仫佬等多个民族。在罗宾编选的 80 篇刘三姐传歌故事中，流传于汉族地区的 16 篇，流传于壮族地区的 50 篇，流传于瑶族地区的 12 篇，流传于仫佬族和侗族地区的各 1 篇，其中有不少认定她属于当地民族。因此，她的族属问题也一直是人们关心的话题。目前比较普遍的说法是：刘三姐是壮族的歌仙。因此，她是壮族人似乎是确定无疑的。但汉、瑶、仫佬等民族也认为，刘三姐是他们民族的人。因此，她的族属就像她的籍贯一样，还没有十分确定的说法。

一　三姐本是汉族人

在早期相关的文献里，刘三姐被认为是唐中宗年间出生的一位汉族女子。其中，影响最深远的是孙芳桂《歌仙刘三妹传》里的说法："歌仙名三妹，其先汉刘晨之苗裔，流寓贵州西山水南村。父尚义，生三女，长大妹次二妹，皆善歌，早适有家，而歌不传。少女三妹，生于唐中宗神龙五年己酉。"这里明确指出，刘三姐是汉代刘晨的后裔，出生于唐中宗神龙年间。这样的记载，看起来不容置疑。

《大众电影》封面上的刘三姐

那么，刘晨又是谁呢？据南朝时期的志怪小说集《幽明录》记载，东汉明帝永平五年（62 年），会稽郡剡县刘晨、阮肇一起到天台山采药迷路了，遇到两位非常美丽的女子，被邀请到她们家里。奇怪的是，两位女子竟然知道刘晨、阮肇二人的姓氏，还把他们认作自己的夫婿。半年以后，刘晨、阮肇回到家里，发现时间已经过去了三百多年。

关于刘晨传奇经历的文字，估计没有多少人会信以为真。因此，关于刘三姐是刘晨后裔的说法，其真实性存疑。但在孙芳桂的笔下，刘三姐仍然被描述成一个饱读诗书、精通经史的大家闺秀。而且，虽然每天前来对歌的人都堵在刘三姐家门口，她来者不拒，和他们对答唱和，但严格遵循礼法，毫无逾越。和刘三姐特别般配的少年张伟望也是一个懂得音律的读书人，两个人在一起对歌，言谈举止都符合礼节。在清初文人张尔翮记录的民间传说里，关于刘三姐身份来历的介绍和孙芳桂如出一辙。

总之，在汉族文人笔下的刘三姐，是出身名门、聪明美丽、饱读诗书的大家闺秀，完全符合主流社会的价值观和审美观。对于刘三姐和张伟望对歌过程的描述，无论是男方所唱的《芝房烨烨》《桐生南岳》《朗陵花》，还是女方所唱的《紫凤》《蝶飞秋草》《南山白石》，其典故都来自汉语诗歌传统。

其中，《芝房烨烨》的“芝房”，原是汉代郊祀歌中的一首。据《汉书·武帝纪》：“六月，诏曰：‘甘泉宫内中产芝，九茎连叶。上帝博临，不异下房，赐朕弘休……’作芝房之歌。”汉代班固在《〈两都赋〉序》中写道：“白麟、赤雁、芝房、宝鼎之歌，荐于郊庙。”唐代王绩的诗作《过汉故城》也说：“钩陈被兰锜，乐府奏芝房。”明代李东阳《再答方石》一诗则说：“一卧空山岁几霜，斋歌重听汉芝房。”《桐生南岳》的歌名在结构上和《诗经·葛生》里的首句“葛生蒙楚”相似，《蝶飞秋草》则似源自刘禹锡《秋日送客至潜水驿》的诗句“鹊噪晚禾地，蝶飞秋草畦”。

在一些文献记载中，刘三姐是贵县西山汉族人。当地志书在介绍其歌谣时认为，张尔翮的《刘三妹歌仙传》虽然近似神话，不太可信，但说刘三妹善于唱歌应该是可信的。其中还引述了几首《池北偶谈》和《浔州府志》中认为是刘三妹唱的歌：

妹相思，
不作风流到几时。
只见风吹花落地，
那见风吹花上枝。

妹相思，
妹有真心哥也知。
蜘蛛结网三江口，
水推不尽是真丝。

上面这首歌中所说的“三江口”，在距离西山二十余里的地方，属于水北里。另外，还有一首大茶江歌：

刘三姐、秀才郎，
望见大茶江水茫；
江水茫茫过不得，
浸湿几多伶俐郎。

电影《刘三姐》中有一首歌名为《藤缠树》，应该源自民间流传的同名歌：

入山忽见藤缠树，
出山又见树缠藤，
树死藤生缠到死，
树生藤死死亦缠。

还有一首歌唱放牛的歌，也被认为是刘三姐所唱：

看牛好，
出门又得只牛骑，
一日三餐白米饭，
落雨有人送蓑衣。

与文献记载中大家闺秀形象不同的是，民间传说中的刘三姐是率真大胆的，有着与主流社会不同的价值观。据广东肇庆民间传说，唐中宗年间，刘三姐一家从一百多里外的新州（今广东新兴县）迁到七星岩居住。离他们家不远的白鹤村，有一个少年经常用米饭喂养白鹤，无论他走到哪里，都有白鹤陪伴着他。白鹤村的人都是苗族，官府把他们视为野蛮人，禁止汉族人和他们来往。刘三姐不听这一套，经常热情地与白鹤村的苗家少年攀谈。苗族人插秧时从刘三姐家门口经过，刘三姐都会捧茶水给他们喝。没过多久，聪明的刘三姐就学会了苗话。苗族是个能歌善舞的民族，刘三姐就跟着他们学会了唱苗族歌谣、跳苗族舞蹈。一天傍晚，刘三姐穿上苗族的衣服走进白鹤村，说着流利的苗语，大家都以为她是个苗族姑娘。明月升起，刘三姐加入了对歌的行列，结果没有人是她的对手。后来官吏知道刘三姐和苗族青年相爱，要拆散他们，刘三姐不理睬，和苗族青年登上阆风岩顶唱歌，歌唱汉苗一家亲。唱了七天七夜，最后双双乘鹤飞去，不知去向。

在上面的传说中，作为汉家女子的刘三姐住在苗寨附近，会说苗话、唱苗歌、跳苗舞，最后还与苗族少年相爱、私奔。在文献记载中，也强调：刘三姐虽然是汉族女子，但在对歌时可以用瑶、壮等民族的语言来创作歌词，而且完全能表达应有的意思，即使是那个民族的专家也比不上她。这里既表明刘三姐和各少数民族民众和谐、融洽的关系，又体现出她融合多元语言文化、无所不能的歌唱才华。

二　壮族歌仙刘三姐

据覃桂清统计，刘三姐的传说主要流传于广西 40 个市县和广东 18 个市县。在流传着刘三姐传说的广西 40 个市县中，

靖西旧州　李桐 / 摄

80%都是壮族分布区。罗宾编选的80则刘三姐传歌故事中，有50则流传于壮族地区。所以，刘三姐在壮族民众心中享有崇高的威望，被视为“壮族歌仙”。

壮族民间有大量传说，强调刘三姐是本乡本土人。其中，壮族聚居区宜州一带的传说特别多，仅罗宾编选的书中就有

17 篇。有的并未提及她是哪里人，有的强调下枧河是她的家乡，还有一些说她出生于今天的广西罗城，后来落户到宜州，再流落到柳州。

关于刘三姐出生于宜州的传说中，比较有代表性的一个说法认为她是下枧河边中枧村刘老头和刘妈妈的第三个孩子，本名叫善花。她歌唱才华了得，可以连唱三天三夜，让几百个青年败走。下枧村青年李示田仰慕她，向她学习唱歌。附近莫村的财主莫仁怀也看上她，想娶她做小老婆，但三姐以歌骂退了媒人。莫仁怀不服气，请三个分别姓陶、李、竹

壮族姑娘唱山歌

的水客和三姐对歌。三个水客苦练三个月后，带着一船歌书前来。三姐佯装成三姐的妹妹，以歌讽刺他们：

桃树园中桃花谢，
李树林中李花落，
毛竹烂在深沟底，
你们嘴笨难唱歌。

你歌哪比我歌多，
我有十万八千箩。
去年柳州涨大水，
歌书塞封九条河。[1]

三个水客无言以对，想到三姐的妹妹已经这么厉害了，三姐如果亲自出马，肯定更加了不得，于是带着他们的一船歌书走了。在这里，刘三姐作为口传文学的代表，与作为书面文学代表的三个水客处于对立面。

宜州还有民间传说称刘三姐生于唐中宗神龙元年（705年），从小聪慧过人，能歌善唱，十二岁即出口成章，妙语连珠，以歌代言，名扬壮乡，后来到附近各地传歌。慕名前来与她对歌的人络绎不绝，但短则一日，长则三五天，个个罄腹结舌，无歌相对，无言以答，羞赧而退。然而她却因才华遭到流氓、

① 转引自《中国当代文学研究资料〈刘三姐〉专集》第224、225页。

恶霸的嫉恨，在柳州被害身亡。

在广西鹿寨瑶族关于刘三姐的传说文本中，第一句就是"听说壮家出了个有名的歌手刘三姐"，之后是说他们怎么去向刘三姐学歌的。①

壮族著名学者蓝鸿恩把流传于广西西部的民间传说整理成一个相对完整的文本《刘三姐外传》，第一句话就是："从前，我们壮乡有个姑娘叫刘三妹，她的歌唱得非常好。"②在附记中，他提出，刘三姐流传的很多地方现在还是壮族的聚居区，因此刘三姐肯定与壮族古代传说有关。

三　瑶苗仫佬爱三姐

凡是有歌的地方，就有刘三姐的传说。刘三姐不仅是壮族人心中的奇女子，也为瑶族、苗族、仫佬族等民族所爱。

关于刘三姐是瑶族人的说法有不少。其中，出版于民国时期的《广西特种部族歌谣集》就提到，广西贺县（今贺州市）

① 中国民间文学集成全国编辑委员会．中国民间故事集成·广西卷[M]．北京：中国ISBN中心，2001：212.

② 覃桂清．刘三姐纵横[M]．南宁：广西民族出版社，1992：381.

一些瑶族民众认为刘三妹是他们的始祖。根据传说，刘三妹的父亲姓刘，母亲姓山（三），父亲是上门的女婿，生下了她，因为“两不避亲”的关系，顶了刘、山（三）两家的姓氏，所以叫刘三妹。瑶族人至今仍有招女婿上门的风俗，就是从刘三妹的父亲开始的。后来，刘三妹的子孙为躲避兵乱，从广西来到湖南，居住在山里，在山中遇到了同样为避兵乱而来的盘古的子孙，于是互相通婚。直到现在，一些瑶族民众在还愿时，祭祀盘王的同时也祭祀刘三妹，因为她是瑶族人的祖宗。

《广西特种部族歌谣集》采录了广西各民族歌谣 3000 多首，作者是陈志良。他 1908 年出生于上海，曾主编上海浦东早期地方报纸《东报》。抗日战争时期，他应当时的教育厅厅长雷宾南和省立特种教育师资训练所所长刘锡蕃的盛情邀请，为训练所的学生教授民族民俗调查方法。恰逢黄景柏主持广西省府编译委员会出版事宜，就把编辑各少数民族歌谣的事情委托给他。陈志良欣然答应，半年之间收集歌谣约 2500 首。这些歌谣大多数得自训练所中的少数民族学生，有的借抄于歌本，有的是录之于口头，有的由作者自己翻译而成。在这些歌谣中，瑶族的很多山歌都提到了刘三姐。

湖南省江华瑶族自治县有“歌圣”刘三妹的传说，讲的是有一年发大洪水，当时刘三妹家里只剩下她和妹妹，两个人逃到屋后的高山上，烤火过夜。刘三妹唱瑶歌给妹妹听，妹妹用“拉瓦”的声音给姐姐帮腔。直到现在，江华瑶族还有“拉瓦”体歌谣，每首歌结尾都有“拉瓦”的衬音，歌名就是由此而来的。

在这个传说里，刘三妹的哥哥不喜欢她唱歌，在兄妹俩上山劳动时，刘三妹唱歌，哥哥生气要打她，却失手把她推落悬崖。刘三妹被古藤挂住，有个挑纸的人路过，为了救她，把许多纸铺在地上，让刘三妹朝纸堆跳下。可是刘三妹跳下后，还是由于伤势过重而死。她的尸体化为鲜血，一滴一滴落在纸上，一滴血一首歌，千万首歌曲就此在瑶族民间流传开来。因此，瑶族人民把她当作“歌圣”来崇拜。

清代的闵叙在《粤述》里记载：“唐景龙中，贵县西山有刘三妹者与朗宁白鹤书生张伟望歌酣，化石于山巅，遗迹宛然，至今瑶俗尚歌，因立祠于此，祀为歌仙。”在这则记录里，没有说刘三姐是瑶族人还是汉族人，但强调瑶族人酷爱唱歌，所以为刘三姐立祠，把她奉为“歌仙”。

清代李调元的《粤风·瑶歌》收录了一首歌：“读书便是刘三妹，唱价本是娘本身。立价便立价雪世，思着细衫思着价。”其中，“价”是歌的意思，“立价”是造歌的意思，“雪世”是传世，“细衫”指唱歌之人。

有传说认为广东阳春是刘三姐的故乡，而那里是瑶族人的聚居地之一。广西富川也是瑶族人聚居地，《富川县志》则记载有刘三姐是富川人。在瑶族民间，还有农历正月初一、三月初三、八月十五唱歌的习俗。因此，刘三姐被认为是瑶族人便不足为奇了。

说到刘三姐和苗族的关系，清代褚人获在《溪峒歌谣》中说，溪峒的民众最初不懂唱歌，刘三妹擅长唱歌，能根据当地的语言曲调来唱歌，结果被苗族人奉为标准。同一时期，有一个白鹤秀才也善于唱歌，和三妹登上七星岩顶互相唱和，你来我往一直停不下来，听的人也入迷而忘记返回。后来歌

参加坡会的五朵苗族“金花” 过竹 / 摄

声停下来了，才发现两人相对，已经化为石头。从此，包括苗族人在内的各少数民族就开始在峒中祭祀刘三妹。其中引了两首据说是刘三姐唱的《相思曲》，至今被引为经典。

《阳朔县志》说到刘三姐的遗迹，强调她是苗族的女歌手："又有女鞋印一只，陷于石面，寸许，毫无斧凿形。相传为古代刘三妹藏歌书之柜，石印即其所践之鞋印。对面有一穿山洞，土人谓为刘三妹梳妆处，考刘三妹不知何时人，陆次云《峒溪纤志》载此。谓为苗俗之善歌者，相传其与白鹤秀才在粤西七星岩绝顶相酬唱歌，已而化为石，其事甚怪，然流传已久，妇孺皆知。"文中提到的遗迹有刘三姐藏歌书的柜子、她的鞋印及梳妆的地方，说她是擅长歌唱的苗族女子，和白鹤秀才在粤西七星岩顶对歌而化为石头。

在仫佬族民间，也有不少关于刘三姐的传说。有传说认为，刘三姐是蓝靛村一位聪明伶俐、勤劳朴实的姑娘，自己种棉、种麻、纺纱、织布、染布，她纺出来的纱很细，织出来的布结实平整，染出的布也很出色。仫佬族女性以能歌善唱、勤劳灵巧的刘三姐为偶像，努力做好布，认真学唱山歌，直到自己也能即兴创作、对答如流。人们把刘三姐像供奉在寺庙里，逢年过节就去上香。在仫佬族的生活中，歌声也不可或缺，无论结婚、生子、建房、祝寿都要唱歌。

蓝靛村在今广西罗城仫佬族自治县四把镇，所以刘三姐也可能是仫佬族人。据《罗城县志》记载，蓝靛村至今还有刘三姐故居的遗址，村里刘姓人家的族谱也有记载。蓝靛村离罗城县城很近，传说刘三姐经常到罗城去唱歌。所以，新中国成立前，在罗城城关的多吉寺后殿正中供奉着歌仙刘三姐的神像，人们将该殿称为“三姐歌殿”，游人经常去那里对歌。在罗城怀群镇剑江村，还有“三姐望乡”和“秀才看榜”两块天然大石头，距离约200米，相对而立。人们认为，“三姐望乡”与“秀才看榜”遥遥相望，更能证明刘三姐的故事就发生在这里。

关于刘三姐的族属问题，尽管传说中有各种说法，但在现实生活中，人们似乎笃信她是壮族歌仙。宜州抢注刘三姐文化品牌，积极推进刘三姐传说的在地化，似乎更强化了这一说法。但在学术界，有学者提出了不同的见解，如杨宁宁认为刘三姐是岭南壮族与汉族文化交流融合结出的硕果。本书认同这一观点，并将在后面一章进一步分析。

第五章　世间何处寻三姐

面对内容丰富、说法不一的民间传说，大家可能会有以下疑问：为什么刘三姐传说主要流传于两广地区？为什么那么多民族都推崇她？世界上真有刘三姐吗？她真是创造山歌的始祖吗？她究竟是人还是神仙？对于这些问题，人们的答案大致可以归类为三种：其一，刘三姐实有其人，无论是出身于书香门第，还是出身于农家，都能歌善唱；其二，刘三姐是“女巫”“神仙”，不是凡人；其三，世界上根本没有刘三姐这个人，她是民间文化创造出来的形象，是“歌圩风俗之女儿”。这些说法各有什么依据，哪一种更令人信服呢？

扶绥民众到刘三姐墓祭拜　李桐 / 摄

一　世间真有刘三姐

考察刘三姐传说的内容可以发现，它们大体可以归纳为四种类型：一是刘三姐与白鹤少年（或秀才）对歌，两人对歌相恋同化石为仙；二是刘三姐与几个秀才对歌唱赢了，但她的哥哥反对她唱歌，加上她拒绝财主的婚事又把哥哥惹恼了，所以被他砍藤杀害；三是撑一船或几船歌书的学识渊博的先生与三姐对歌，被她唱败；四是以婚姻、修城等为主要矛盾的刘三姐传说。

无论在哪个类型的传说里，人们几乎都会提到刘三姐的出生地、出身情况、个人经历及最后结局。例如，在广西扶绥的传说中，有人说她是该县渠黎镇驮丁屯人，还很肯定地说："她的后代人现在还有呢，这故事不过是几代人的事。"可以说，这些传说不仅为人们展示了一个美丽多才、能歌善唱、聪明伶俐、勇敢大胆的刘三姐，还让人们相信，她是曾经真实生活在这片土地上的。

在刘三姐传说流行的地方，有许多与她有关的遗迹，有些村落、山峰的命名都与她有关，如三妹村、三妹山、刘家村、仙女寨等，体现了人们对歌仙的爱戴与向往，也让人们可以更真切地感知这位神奇的女子。

张尔翮在《刘三妹歌仙传》里写到，老人告诉他歌书上关于刘三妹生平的记载，说刘三妹生于唐中宗神龙元年（705年），曾许配给姓林的人家，但后来和张伟望对歌化为石头，未婚夫过去查验时也化作石头。为了说明这件事的真实性，老人特别强调："余得闻自先人，考之故老，始备详其事，非敢诬也，子当识之。"大意为：我是听过去的老人们讲的，多方打听才知道得这么详细，歌仙的故事可不是我随便编的。张尔翮听了还是不敢相信，他觉得这事太稀奇了，若是真的，歌书被火烧了，便没有证据证明这是真的；若不是真的，但又怎么解释石像？那个时候，西山顶上可能还有石人的遗迹。这让张尔翮联想到湖北武昌望夫石、宜都攘袂峰石人的传说，认为刘三妹传说中的石人遗迹和它们是一样的，所以觉得刘三妹传说中提到的很有可能是真的。

如此看来，广西贵港西山的石人能证明刘三姐曾经在那里和朗宁少年对歌，广东阳春的铜石岩能证明刘三姐曾经在那里修仙飞升，甚至宋代皇帝都为此赐名"通真岩"。在两广地区，到处都留存着刘三姐曾经存在于世的证明：贵港有唱歌山、唱歌石、伏船山、脚迹石等；宜山、罗城的下枧河石壁上有刘三姐插在悬崖上的扁担石；柳州鱼峰山有刘三姐唱歌成仙的塑像和麻篮；玉林水月岩有刘三姐化石显圣的刘仙洞；梧州有刘三姐劳动唱歌的足迹和洗衣石；扶绥新安村有

宜州的刘三姐雕像

刘三姐唱歌被害的圆石墓……

除了这些，各地民间还有很多其他证据。瑶族人从什么时候开始有招女婿上门的风俗？是由刘三姐的父亲开始的。花颈鸭为什么头和身上颜色不一致？因为刘三姐为了去对歌，怕鸭子偷吃稻谷，拧断了它的脖子，回来后没接好，导致鸭脖子和身上颜色错开。为什么柳州立鱼峰上长满了“歌树”？那是刘三姐怕大家听歌被太阳晒，被露水打湿衣服，所以用歌声催生出树来给大家遮挡阳光。为什么象州有一种没有盖的螺蛳？因为刘三姐去传歌的时候，和姐妹们下田捡螺蛳，在田头煮着吃，结果被当地财主驱赶，她只好把螺蛳倒到田里，煮过的螺蛳盖脱了，但螺蛳还活着，变成了没有盖的螺蛳。

但仔细一想可以发现，这些与刘三姐有关的遗迹大多是民众附会而成的。两广民众愿意相信刘三姐是真实存在的。因此，当人们不能解释生活中一些奇怪的现象时，就用刘三姐的故事来对其进行合理化解释。

二　三姐本相是越巫

莫讲穷，
山歌能把海填平，
上天能赶乌云走，
下地能催五谷生。

这一电影《刘三姐》中的插曲《多谢了》选段让人联想起先秦伊耆氏的《蜡辞》：“土反其宅，水归其壑，昆虫毋作，草木归其泽！”这首古老的歌谣其实是咒语，意思非常直白：让土回到原处，让水回归沟壑（不泛滥），不要有虫灾发生，让草木归于湖泽（不长于良田）。咒语是原始语言崇拜中的一种，具有巫术的色彩，代表了人们美好的愿望和期待。

那么，什么是巫呢？据考证，“巫”字里“工”的上下两横代表天和地，中间的“丨”表示上通天意、下达地旨，“巫”就是指能够与天地沟通、通晓神意的人。民间传说中的刘三姐不仅仅是个擅长唱歌的凡人女子，而且有着神奇的法力，能用歌声催生五谷、呼风唤雨。她在人们心中是“歌仙”，更是“保护神”，近乎古代社会生活中的“巫”，具有神奇的力量。

本书第二、第三章提及的民间传说中的事例表现了刘三姐的神奇，尤其是她在与哥哥、坏财主斗智斗勇的过程中，用神奇的法术破解了一个又一个难题：当哥哥阻挡她外出唱歌的时候，她大显身手，施展自己的“遁形术”，还能用手心把石头煎软；在葡萄藤被砍断之后，她有能力把藤接好；她能一边唱歌一边把一堆乱麻理出头绪，或很快把秧苗插好、消灭蝗虫，甚至是只站在稻田边，就能插好秧。除此以外，她还会烧脚骨生火做饭、用手帕角穿过鹅卵石等。三月初三她和弟弟、妹妹去溪水边祓禊时，忽然遇到刮风下雨，弟妹都跑到一边躲雨去了，只有三姐与神灵相遇，端坐在石头上，衣服一点都没被淋湿。从此以后，她很会唱歌，内容逻辑都很好，还能说中他人的隐秘。可以说，拥有这种能力的刘三姐，近乎“巫”了。

在广西恭城的传说中，刘三姐唱着山歌，就能够支配风雨。歌声过后，雨过天晴，来抓刘三姐的兵卒都不见了，山顶上只留下一个石头轿子。在这个传说中，刘三姐俨然是“女巫”，唱出来的歌带有咒语的功效，能够达成她自己的愿望。

这样看来，刘三姐代表了“巫”的集体形象在人们脑海中留下的深刻记忆：

唱歌好，
唱得歌好会成仙。
不信你看刘三姐，
朵朵莲花坐千年。

在富川瑶族的民间传说中，刘三姐也颇为奇特。据传，她生于富川淮溪，曾在晚上看守鱼梁，与白蛇交配，后来生下的孩子都是龙。有蛮人来侵犯，刘三姐剪纸成蜂，散入空中，蛮人都被蜂蜇死了。因此，刘三姐死后，村人把她当作神灵来祭祀，屡屡显灵。朝廷知道她的神迹后，封她为淮南王。在过去，人们都不敢直呼刘三姐的名讳，而是尊称她为“刘三姑”；每年农历六月，富川境内各乡都要抬刘三姐的神像游行求雨；在每年的农历正月初十、六月十三、八月十五等日子，老百姓还会在淮南庙前聚集，举行盛大热烈的醮会。

在不少地方，人们在参加对歌比赛之前，都会到供奉刘三姐的庙里燃香祭祀，希望她能保佑自己在比赛中歌才敏捷、战胜对手。壮族一些地方举行歌圩之前一定会先祭拜刘三姐，向她表达心中的诉求，希望从她那里获得智慧和力量。广西有很多专门祭祀刘三姐的庙堂，例如，贵港的太平庙、北府庙、六乌庙都供奉有刘三姐的牌位；在河池凤山也有三姐庙，庙里有石刻的三姐像；在河池宜州白龙洞有三姐塑像；在柳州融水真仙岩（老君洞）后洞有刘三姐的天然造型钟乳石塑像，过去许多游客、民间歌手经常秉烛擎炬前往拜谒。

在贵港，西山有太平庙、北府庙，北山有六乌庙。庙内都供奉有刘三姐的牌位，当地壮族开堂唱歌要按一定的仪式程序进行。首先，在升堂前持香火到江边去请刘三姐的神灵来坐正堂，祈求刘三姐给予自己唱歌的灵感与智慧。歌堂升堂后，要杀鸡拜歌神：

刘三姐，秀才郎，
我请你来坐正堂，
我请你来坐正堂，
捉只黄丝鸡崽劏（意为宰杀）。

唱歌结束后散堂了，人们还要恭恭敬敬地把刘三姐的神灵送走：

刘三姐，秀才兄，
送你慢慢步出厅，
送你慢慢步出屋，
嫌我瓦盆酒肉轻。[①]

在 20 世纪 50 年代以前，群众对歌前都要到刘三姐的灵牌前烧香，或者抬着刘三姐的塑像出游，祈求她保佑歌者在对歌中获胜。

在瑶族民间珍藏的《盘王书》里也描绘了刘三姐作为“女

① 覃桂清．刘三姐纵横［M］．南宁：广西民族出版社，1992：209.

巫”的形象：

盘王圣王置天地，
刘三手里置歌辞……
请得三妹娘娘到，
圣前三拜解神忧，
师人着衫炉前拜，
圣王舍驾上筵补。
托出刘三歌一段……[1]

总之，与文人笔记中大家闺秀的形象相比，民间传说中的刘三姐具有了更多巫术的力量，不仅是一个能歌善唱的歌仙，也是一个有特殊法力的巫婆。这种文化特性，源自其所处的岭南社会文化。

根据《史记·孝武帝本纪》记载，古代越人非常信奉鬼神，人们平时多祭祀鬼神，而且每每灵验。可以说，岭南社会“巫”的信仰与仪式由来已久。居住在岭南地区的壮族先民在生活中遇到什么苦难和疾病都爱找“巫婆”来看，至今还有以“麽”为代表的巫文化。把刘三姐从一个有特殊才华的歌者升格为具有神奇力量的歌仙的，正是岭南历史悠久的巫文化及广泛弥漫于壮族、瑶族等民族中的浓厚巫风。

① 郃科祥．陕南孝歌文化考察［M］．西安：陕西师范大学出版社，2016：120.

但刘三姐的法力也不是无边的，所以当坏财主把脸盆盖在断藤的根部后，刘三姐就无法把断藤接上而从崖上掉进河里。在柳州民间传说中，刘三姐本是宜州人，是被坏财主莫怀仁扔进河里的，她抓着木板漂流了三天三夜才到达柳州。莫怀仁知道刘三姐还活着，还在唱歌，就找打手把她绑起来，装进猪笼里，丢到水中。刘三姐死后，人们在和她道别时，她忽然从坟墓里跳了出来，骑着一条鲤鱼升上了天。还有一条鲤鱼由于不能飞起，变成了一座小山峰，就是现在的鱼峰山。

在汉族文人的记录中，刘三姐最后和张伟望一起化作石像。在壮族民众的口耳相传中，刘三姐的结局更加丰富多样，也更具有奇幻色彩：有的说，她死后骑鲤鱼上天，成了神仙；有的说，她在贵港西山与白鹤少年对歌七日化石成仙；有的说，财主莫怀仁想娶三姐为妾，遭到她的坚决反抗，便买通官府迫害三姐，三姐乘船飘然而去；有的说，刘三姐在宜州悬崖落水后，漂流到了柳州立鱼峰唱歌，地主勾结官府想捉拿她，她便唱着歌腾云升进月宫去了；还有的说，她是打着伞上天做神仙了。这些描述充满了理想主义的色彩，表达了壮乡民众对刘三姐的喜爱和赞美，也在一定程度上表达了人们对理想生活的向往。

三　“歌圩女儿”刘三姐

在传说里，是先有刘三姐造歌传世，才有了好听的歌曲供人们传唱的。但社会流行的某种风俗很难由某个人组织和倡导，而往往有着深刻的社会原因。以两广为主要流传区域的刘三姐传说，其产生和流传的原因也应该回到岭南社会文化中去寻找。

从广东走出去的我国“民俗学之父”钟敬文是最早对刘三姐传说展开学术研究的现代学者，早在20世纪20年代便开始关注刘三姐传说，搜集相关资料。他认为，这是两广地区一个以重要风俗作背景的民间传说。那么，是什么重要风俗呢？20世纪80年代，他以《刘三姐传说试论》为题进行了专门论述，明确提出“社会风俗为集体创造之产物”“刘三姐为歌圩风俗之女儿”[①]等观点。覃桂清在《试谈〈刘三姐〉的文学性与科学性》一文中，也提出“刘三姐也可能不是一

① 中国少数民族文学学会．少数民族文学论集（第一集）[M]．北京：中国民间文艺出版社，1983：179.

个具体的人，而是某个时代创造山歌的群像的化身”。[①]也就是说，刘三姐不是一个真实的历史人物，而是岭南社会歌圩文化孕育的形象，关于她的传说不是真人真事，是民间共同创造出来的。

“歌圩”是岭南民间社会定期聚会对歌的风俗，伴随着祭祀、商贸、交往、娱乐等活动，至今还在不少地方保存下来，在壮族地区尤为典型。谈到歌圩，研究者将这种“以歌代言”的文化因子追溯到春秋时期的《越人歌》：

今夕何夕兮？
搴舟中流。
今日何日兮？
得与王子同舟。
蒙羞被好兮，
不訾诟耻。
心几烦而不绝兮，
得知王子。
山有木兮木有枝，
心悦君兮君不知。

西汉刘向在《说苑·善说》里谈到，公元前528年，楚

---

① 农冠品，过伟，罗秀兴，彭小加．岭南文化与百越民风［M］．南宁：广西教育出版社，1992：179.

国令尹鄂君子皙乘坐富丽豪华的游船玩赏。观毕歌舞后，一个为他划船的越人扶着船桨唱起歌。原歌是用越语唱的，楚国令尹听不懂，叫来懂越语的人翻译出来。听了以后，他非常感动，站起来走到唱歌的那个越人前面，把漂亮的绣锦披到对方身上。

越人是古代生活在长江以南广大沿海地区的一个大族群，文献上称之为百越，有于越、瓯越、闽越、东越、扬越、南越、骆越等。一般认为，越人的语言与今天的壮侗语族有渊源，《越人歌》应该是壮侗语族先民的歌谣。

在传说中，刘三姐最早的生活年代是唐代。但她熟谙的对歌方式早在春秋时期就流传了，《诗经·郑风·溱洧》就描述了类似如今“三月三”歌圩的场景：

溱与洧，
方涣涣兮。
士与女，
方秉蕑兮。
女曰观乎？
士曰既且。
且往观乎？
洧之外，
洵訏且乐。

维士与女，

伊其相谑，

赠之以勺药。

春天，溱水和洧水绿波荡漾，青年男女手拿兰草一起游玩。姑娘说:“去(对岸)看看吗？”小伙说:“我已经去过了。”再去一次又何妨？洧水对岸真宽敞啊，青年男女一起快乐游

龙州壮族歌圩

玩，互相调笑戏谑，赠送芍药以表达情意。

诗中所说的溱水和洧水在今天的河南省境内。根据学者的研究，《诗经》形成时期，中原一带也有类似于壮族歌圩的习俗，历史上有“仲春之会”“溱洧之风”的说法。人们认为，壮族民间聚会对歌的歌圩习俗和它们是有渊源的。

而见诸汉代以来的各种汉文典籍的文字亦说明：岭南一

带自古以来就盛行歌唱之风。南宋时期，曾在广西为官六年的周去非回到家乡后写下《岭外代答》一书，对岭南各地民间歌唱习俗进行了生动的描述。谈到岭南的婚礼习俗时，特别提到了“静江”（今广西桂林）、“钦”（今广西钦州、合浦一带）婚礼中的对歌。其中，“皆临机自撰，不肯蹈袭”一句道出了对歌的基本特点。[①] 明代邝露的《赤雅》中关于“浪花歌”的描述亦常常为后人引用：

峒女于春秋时，布花果笙箫于名山。五丝刺同心结，百纽鸳鸯囊。选峒中之少好者，伴峒官之女，名曰天姬队。余则三三五五，采芳拾翠于山椒水湄，歌唱为乐。男亦三五成群，歌而赴之。相得，则唱和竟日，解衣结带相赠以去。春歌正月初一，三月初三；秋歌中秋节。三月之歌，曰浪花歌。

这段文字道出了歌唱的时间：“春秋”“正月初一”“三月初三”“中秋节”等——人们在特定的时间中歌唱，但不限于一时。从作为歌唱主体的“峒女”和“男”的情态亦可看出，这是一种民间节日，节日中的人们以歌唱为乐。

清代屈大均《广东新语》也说道：“粤俗好歌，凡有吉庆，必唱歌以为欢乐。”从中可以了解到，清代时广东民间的众多喜庆时日中，歌唱活动非常普遍。

---

① 周去非．岭外代答校注［M］．杨武泉校注，北京：中华书局，1999：58.

在广西各地民间，歌唱活动更为普遍。清代道光年间文人黎申产描写广西龙州时，有“岁岁歌圩四月中，聚欢白叟与黄童”的诗句。[①]民国时期的《上思县志》载：“每年春间，值各乡村歌圩期，青年男女，结队联群，趋之若鹜，或聚合于山岗旷野，或麇集于村边，彼此唱山歌为乐，其歌类多男女相谑之词。”[②]1941年的《广西边防纪要》也记述了这一习俗：“沿边一带风俗，最含有人生意义的，则为歌圩。歌圩在春忙前的农暇时候举行，其日子各地各不相同，今日为甲地歌圩，明日为乙地歌圩，以轮尽各村为止。”[③]刘锡蕃在《岭表纪蛮》谈到“墟会”时，指出：“桂西土人，称‘歌墟’为‘风流墟’。”

一种民间文化活动进入文人视野需要多长时间？这是一个很难回答的问题。但能肯定的是，后人津津乐道的歌圩传统在进入各种笔记、方志、诗作之前，早已存在于岭南民间，且不限于一时一地。

事实上，除“歌圩”以外，苗族的“跳月”和“芦笙会”、瑶族的“歌堂”、仫佬族的“坡会”、侗族的“花炮节”等都是类似的习俗。各个民族唱歌的形式有所不同，但在传统社

① 欧阳若修，周作秋，黄绍清，曾庆全．壮族文学史［M］．南宁：广西人民出版社，1986：241.

② 欧阳若修，周作秋，黄绍清，曾庆全．壮族文学史［M］．南宁：广西人民出版社，1986：243.

③ 潘其旭．壮族歌圩研究［M］．南宁：广西人民出版社，1991：42.

会，它们都承载着特殊的社会功能，成为特定社会人们普遍关注的热点和共同追求的理想。因此，《岭表纪蛮》一书对岭南少数民族喜欢唱歌的原因有这样的论断：

……无论男女，皆认为唱歌为其人生观上之切要问题。人而不能唱歌，在社会上即枯寂寡欢，即缺乏恋爱求偶之可能性，即不能号为通今博古，而为一蠢然如豕之顽民。[①]

歌唱成为与人生密切相关的问题，一个人不能唱歌就会缺乏人生乐趣，甚至失去恋爱择偶的可能，更不能成为通古博今、知识渊博的人，会变成蠢笨的人。在这种价值观和审美观的观照下，歌才卓越、能歌善唱的人自然会成为人们争相崇拜并追随的对象。刘三姐传歌的故事应运而生，她也被民众推崇为山歌宗师甚至歌仙。人们愿意相信，是因为从前有个聪明智慧的刘三姐教会人们唱歌，所以在她之后大家都会唱歌了。

当然，在传统社会，人们通过唱歌还可以传递知识，传递相关的礼仪。所以，塑造出刘三姐这样一位歌手，对于传达知识、常识也是十分必要的。此外，在科学不发达的年代，人们还可以通过幻想满足愿望与要求。不管刘三姐的传说是否符合客观事实，但是仍然能起到鼓舞人们生产、生活、发展等效果。

① 刘锡蕃．岭表纪蛮［M］．北京：商务印书馆，1934：156.

总之，聚会歌唱的习俗早在刘三姐传说产生之前就存在了，并不是刘三姐创造出来的。越人爱歌善唱的特性也古已有之，并不是从刘三姐才开始的。所以刘三姐是造歌之人这一说法是民众想象并虚构出来的，实为夸大了刘三姐的影响力。

其实在刘三姐的传说里，也有很多擅长唱歌的人能和刘三姐对上一两天。如果说刘三姐创造了一些新歌谣就能流传于世，而其他人的歌就完全没有流传下来，恐怕是不可能的。如果世间真有刘三姐，她也很可能只是歌谣传承历史上一个优秀的创作型歌手，而且和如今人们口耳相传的刘三姐很不一样。因为在传说中，已经包含了太多人们添加的成分。

那么，人们是怎样在原型上添加各种成分塑造刘三姐这个形象的呢？不妨想象一下，现实生活中的刘三姐聪明能干、喜爱唱歌，不管做什么事情都要唱歌。但是她唱歌并不影响做农活的速度，甚至比常人还要麻利一些。于是，人们就会夸她一边唱歌一边插秧或者纺织还能做得又快又好。但如果大家一起来夸赞，这件事一传十、十传百之后，可能就传成了：刘三姐特别神奇，不用动手干农活，唱唱歌就能把秧苗插好，还能让稻谷迅速生长。

因此，即使刘三姐真有原型，被人们赋予过多的期望和幻想之后，刘三姐就不再是原来的那个人了，而变成了广大劳动人民集体塑造出来的形象，代表了人们最朴实的愿望：人们希望自己干活的速度能提高时，刘三姐唱唱歌就能使唤山神来帮忙；人们希望石头山能变成可以耕种的农田时，刘三姐用脚踩一踩就可以做到；人们希望稻谷不会受到蝗虫的威胁时，刘三姐就有了消灭蝗虫的能力。这样的刘三姐，已经不再是一个单纯的歌者，而逐渐成了多功能的保护神，为人们追求理想中的幸福生活保驾护航。

结语　三姐如何再歌唱

从2500多年前“榜枻越人”的歌声中走出来、在岭南歌圩文化中孕育成长起来的刘三姐，是岭南各民族文化交融结出的硕果，也是这一区域歌唱传统最有力的代言人。

刘三姐最初经民众口耳相传，在宋代开始被写入文本。清代初年，她的文本形象逐渐丰满。20世纪50年代以来，

《印象·刘三姐》实景演出

关于她的文本越来越丰富，她的故事还被搬上舞台，走上电影银幕，进入电视荧屏，融入山水实景，成为文化品牌。在这个过程中，她一如既往聪明美丽、能歌善唱，形象则更为光彩照人。但人们也发现，她似乎已经走不出同名电影中那个家喻户晓的形象，她所唱的歌，似乎也只有电影中的《多

谢了》《山歌好比春江水》《世上哪有树缠藤》《什么水面打筋斗》，那个饱满丰富、灵巧聪慧、张口就来的刘三姐去哪里了？

人们发现，曾经广泛流传于岭南社会的歌唱传统，早已在悄悄衰落。历史上，岭南社会的歌唱传统盛况如何，人们可以通过文人笔端感受一二。南宋周去非说广西各地村落的人们在生产生活中喜欢唱歌时，还顺带说到了整个岭南婚俗中的歌唱习俗；清代屈大均曾说“粤俗好歌”，这个“粤”字说的是整个广东。传说中刘三姐往来于两广之间传歌，所到之处，人人向往。但渐渐地，人们发现，这种歌唱的流布区域越来越小，能唱歌的人越来越少。

在传说中，刘三姐可以和秀才张伟望连续对歌七天，为口头传统和书面文化赢得了和谐共生的美名。当她骄傲地对拿着歌书的秀才们说“山歌只有心中想，哪有船装水载来”时，口头传统与书面文化已处在对垒状态，但最终还是口头传统获得了胜利。今天，不仅会唱歌的读书人难得一见，连会唱歌的普通民众也日渐稀少。在这样稀薄的歌唱文化土壤中，“歌仙”的美名如何能再传诵，刘三姐的歌声如何继续流传？

在民族文化旅游的热潮中，“刘三姐”成为各地争抢的文化资源，刘三姐传说获得了新的演述空间。网络时代，人们在虚拟世界里搭建了以“刘三姐”为名的歌台。这些都为刘三姐传说注入了新时代的活力。愿“歌仙”永远年轻，歌声不辍！